Frédéric Bastiat

Baccalauréat et socialisme

Essai

ISBN : 978-1544885032

10 9 8 7 6 5 4 3 2 1

Frédéric Bastiat

Baccalauréat et socialisme

Essai

Table de Matières

Baccalauréat et socialisme

J'ai soumis à l'Assemblée un amendement qui a pour objet la *suppression des grades universitaires*. Ma santé ne me permet pas de le développer à la tribune. Permettez-moi d'avoir recours à la plume[1].

La question est extrêmement grave. Quelque défectueuse que soit la loi qui a été élaborée par votre commission, je crois qu'elle marquerait un progrès signalé sur l'état actuel de l'instruction publique, si elle était amendée ainsi que je le propose.

Les grades universitaires ont le triple inconvénient d'*uniformiser* l'enseignement (l'uniformité n'est pas l'unité) et de l'*immobiliser* après lui avoir imprimé la *direction la plus funeste*.

S'il y a quelque chose au monde qui soit progressif par nature, c'est l'enseignement. Qu'est-ce, en effet, sinon la transmission, de génération en génération, des connaissances acquises par la société, c'est-à-dire d'un trésor qui s'épure et s'accroît tous les jours ?

Comment est-il arrivé que l'enseignement, en France, soit demeuré uniforme et stationnaire, à partir des ténèbres du moyen âge ? Parce qu'il a été monopolisé et renfermé, par les grades universitaires, dans un cercle infranchissable.

Il fut un temps où, pour arriver à quelque connaissance que ce soit, il était aussi nécessaire d'apprendre le latin et le grec, qu'il était indispensable aux Basques et aux Bas-Bretons de commencer par apprendre le français. Les langues vivantes n'étaient pas fixées ; l'imprimerie n'avait pas été découverte ; l'esprit humain ne s'était pas appliqué à pénétrer les secrets de la nature. Être instruit, c'était savoir ce qu'avaient pensé Épicure et Aristote. Dans les rangs élevés on se vantait de ne savoir pas lire. Une seule classe possédait et communiquait l'instruction, celle des Clercs. Quelle pouvait être alors cette instruction ? Évidemment, elle devait être bornée à la connaissance des langues mortes, et principalement du latin. Il n'y avait que des livres latins ; on n'écrivait qu'en latin ; le latin était la langue de la religion ; les Clercs ne pouvaient enseigner que ce qu'ils avaient appris, le latin.

Frédéric Bastiat

On comprend donc qu'au moyen âge l'enseignement fût circonscrit à l'étude des langues mortes, fort improprement dites savantes.

Est-il naturel, est-il bon qu'il en soit ainsi au dix-neuvième siècle ? Le latin est-il un instrument nécessaire à l'acquisition des connaissances ? Est-ce dans les écrits que nous ont laissés les Romains qu'on peut apprendre la religion, la physique, la chimie, l'astronomie, la physiologie, l'histoire, le droit, la morale, la technologie industrielle, ou la science sociale ?

Savoir une langue, comme savoir lire, c'est posséder un instrument. Et n'est-il pas étrange que nous passions toute notre jeunesse à nous rendre maîtres d'un instrument qui n'est plus bon à rien, — ou pas à grand'chose, puisqu'on n'a rien de plus pressé, quand on commence à le savoir, que de l'oublier ? — Hélas ! que ne peut-on oublier aussi vite les impressions que laisse cette funeste étude !

Que dirions-nous si, à Saint-Cyr, pour préparer la jeunesse aux sciences militaires modernes, on lui enseignait exclusivement à lancer des pierres avec la fronde ?

La loi de notre pays décide que les carrières les plus honorables seront fermées à quiconque n'est pas Bachelier. Elle décide, en outre, que pour être bachelier il faut avoir bourré sa tête de latinité, au point de n'y pas laisser entrer autre chose. Or, qu'arrive-t-il, de l'aveu de tout le monde ? C'est que les jeunes gens *ont calculé la juste mesure rigoureusement nécessaire pour atteindre le grade*, et ils s'en tiennent là. Vous vous récriez, vous gémissez. Eh ! ne comprenez-vous pas que c'est le cri de la conscience publique qui ne veut pas se laisser imposer un effort inutile ?

Enseigner un instrument qui, dès qu'on le sait, ne rend plus aucun son, c'est une anomalie bien bizarre ! Comment s'est-elle perpétuée jusqu'à nos jours ? L'explication est dans ce seul mot : MONOPOLE. Le monopole est ainsi fait qu'il frappe d'immobilisme tout ce qu'il touche.

Aussi, j'aurais désiré que l'Assemblée législative réalisât la liberté, c'est-à-dire le progrès de l'enseignement. Il est maintenant décidé qu'il n'en sera pas ainsi. Nous n'aurons pas la liberté complète. Qu'il me soit permis de tenter un effort pour en sauver un lambeau.

La liberté peut être considérée au point de vue des personnes et relativement aux matières — *ratione personæ et ratione materiæ,* comme disent les légistes ; car supprimer la concurrence des méthodes, ce n'est pas un moindre attentat à la liberté que de supprimer la concurrence des hommes.

Il y en a qui disent : « La carrière de l'enseignement va être libre, car chacun y pourra entrer. » C'est une grande illusion.

L'État, ou pour mieux dire le parti, la faction, la secte, l'homme qui s'empare momentanément, et même très-légalement, de l'influence gouvernementale, peut donner à l'enseignement la direction qui lui plaît, et façonner à son gré toutes les intelligences par le seul mécanisme des grades.

Donnez à un homme la collation des grades, et, tout en vous laissant libres d'enseigner, l'enseignement sera, de fait, dans la servitude.

Moi, père de famille, et le professeur avec lequel je me concerte pour l'éducation de mon fils, nous pouvons croire que la véritable instruction consiste à savoir ce que les choses sont et ce qu'elles produisent, tant dans l'ordre physique que dans l'ordre moral. Nous pouvons penser que celui-là est le mieux instruit qui se fait l'idée la plus exacte des phénomènes et sait le mieux l'enchaînement des effets aux causes. Nous voudrions baser l'enseignement sur cette donnée. — Mais l'État a une autre idée. Il pense qu'être savant c'est être en mesure de scander les vers de Plaute, et de citer, sur le feu et sur l'air, les opinions de Thalès et de Pythagore.

Or que fait l'État ? Il nous dit : Enseignez ce que vous voudrez à votre élève ; mais quand il aura vingt ans, je le ferai interroger sur les opinions de Pythagore et de Thalès, je lui ferai scander les vers de Plaute, et, s'il n'est assez fort en ces matières pour me prouver qu'il y a consacré toute sa jeunesse, il ne pourra être ni médecin, ni avocat, ni magistrat, ni consul, ni diplomate, ni professeur.

Dès lors, je suis bien forcé de me soumettre, car je ne prendrai pas sur moi la responsabilité de fermer à mon fils tant de si belles carrières. Vous aurez beau me dire que je suis libre ; j'affirme que je ne le suis pas, puisque vous me réduisez à faire de mon fils, du moins à mon point de vue, un pédant, — peut être *un affreux petit rhéteur*, — et, à coup sûr, un turbulent factieux.

Car si encore les connaissances exigées par le Baccalauréat avaient quelques rapports avec les besoins et les intérêts de notre époque ! si du moins elles n'étaient qu'inutiles ! mais elles sont déplorablement funestes. Fausser l'esprit humain, c'est le problème que semblent s'être posé et qu'ont résolu les corps auxquels a été livré le monopole de l'enseignement. C'est ce que je vais essayer de démontrer.

Depuis le commencement de ce débat, l'Université et le Clergé se renvoient les accusations comme des balles. Vous pervertissez la jeunesse avec votre rationalisme philosophique, dit le Clergé ; vous l'abrutissez avec votre dogmatisme religieux, répond l'Université.

Surviennent les conciliateurs qui disent : La religion et la philosophie sont sœurs. Fusionnons le libre examen et l'autorité. Université, Clergé, vous avez eu tour à tour le monopole ; partagez-le, et que ça finisse.

Nous avons entendu le vénérable évêque de Langres apostropher ainsi l'Université : « C'est vous qui nous avez donné la génération socialiste de 1848. »

Et M. Crémieux s'est hâté de rétorquer l'apostrophe en ces termes : « C'est vous qui avez élevé la génération révolutionnaire de 1793. »

S'il y a du vrai dans ces allégations, que faut-il en conclure ? Que les deux enseignements ont été funestes, non par ce qui les différencie, mais par ce qui leur est commun.

Oui, c'est ma conviction : il y a entre ces deux enseignements un point commun, c'est l'abus des études classiques, et c'est par là que tous deux ont perverti le jugement et la moralité du pays. Ils diffèrent en ce que l'un fait prédominer l'élément religieux, l'autre l'élément philosophique ; mais ces éléments, loin d'avoir fait le mal, comme on se le reproche, l'ont atténué. Nous leur devons de n'être pas aussi barbares que les barbares sans cesse proposés, par le latinisme, à notre imitation.

Qu'on me permette une supposition un peu forcée, mais qui fera comprendre ma pensée.

Je suppose donc qu'il existe quelque part, aux antipodes, une nation qui, haïssant et méprisant le travail, ait fondé tous ses moyens d'existence sur le pillage successif de tous les peuples voisins et sur l'esclavage. Cette nation s'est fait une politique, une morale, une religion, une opinion publique conformes au principe brutal qui la conserve et la développe. La France ayant donné au Clergé le monopole de l'éducation, celui-ci ne trouve rien de mieux à faire que d'envoyer toute la jeunesse française chez ce peuple, vivre de sa vie, s'inspirer de ses sentiments, s'enthousiasmer de ses enthousiasmes, et respirer ses idées comme l'air. Seulement il a soin que chaque écolier parte muni d'un petit volume appelé : *l'Évangile*. Les générations ainsi élevées reviennent sur le sol de la patrie ; une révolution éclate : je laisse à penser le rôle qu'elles y jouent.

Ce que voyant, l'État arrache au Clergé le monopole de l'enseignement et le remet à l'Université. L'Université, fidèle aux traditions, envoie, elle aussi, la jeunesse aux antipodes, chez le peuple pillard et possesseur d'esclaves, après l'avoir toutefois approvisionnée d'un petit volume intitulé : *Philosophie*. Cinq ou six générations ainsi élevées ont à peine revu le sol natal qu'une seconde révolution vient à éclater. Formées à la même école que leurs devancières, elles s'en montrent les dignes émules.

Alors vient la guerre entre les monopoleurs. C'est votre petit livre qui a fait tout le mal, dit le Clergé. C'est le vôtre, répond l'Université.

Eh non, Messieurs, vos petits livres ne sont pour rien en tout ceci. Ce qui a fait le mal, c'est l'idée bizarre, par vous deux conçue et exécutée, d'envoyer la jeunesse française, destinée au travail, à la paix, à la liberté, s'imprégner, s'imbiber et se saturer des sentiments et des opinions d'un peuple de brigands et d'esclaves.

J'affirme ceci : Les doctrines subversives auxquelles on a donné le nom de *socialisme* ou *communisme* sont le fruit de l'enseignement classique, qu'il soit distribué par le Clergé ou par l'Université. J'ajoute que le Baccalauréat imposera de force l'enseignement classique même à ces écoles prétendues libres qui doivent, dit-on, surgir de la loi. C'est pour cela que je demande la suppression des grades.

On vante beaucoup l'étude du latin comme moyen de développer l'intelligence ; c'est du pur *conventionalisme*. Les Grecs, qui n'apprenaient pas le latin, ne manquaient pas d'intelligence, et nous ne voyons pas que les femmes françaises en soient dépourvues, non plus que de bon sens. Il serait étrange que l'esprit humain ne pût se renforcer qu'en se faussant ; et ne comprendra-t-on jamais que l'avantage très-problématique qu'on allègue, s'il existe, est bien chèrement acheté par le redoutable inconvénient de faire pénétrer dans l'âme de la France, avec la langue des Romains, leurs idées, leurs sentiments, leurs opinions et la caricature de leurs mœurs ?

Depuis que Dieu a prononcé sur les hommes cet arrêt : Vous mangerez votre pain à la sueur de votre front, — l'existence est pour eux une si grande, si absorbante affaire que, selon les moyens qu'ils prennent pour y pourvoir, leurs mœurs, leurs habitudes, leurs opinions, leur morale, leurs arrangements sociaux doivent présenter de grandes différences.

Un peuple qui vit de chasse ne peut ressembler à un peuple qui vit de pêche, ni une nation de pasteurs à une nation de marins.

Mais ces différences ne sont encore rien en comparaison de celle qui doit caractériser deux peuples dont l'un vit de travail et l'autre de vol.

Car entre chasseurs, pêcheurs, pasteurs, laboureurs, commerçants, fabricants, il y a ceci de commun, que tous cherchent la satisfaction de leurs besoins dans l'action qu'ils exercent sur les choses. Ce qu'ils veulent soumettre à leur empire, c'est la nature.

Mais les hommes qui fondent leurs moyens d'existence sur le pillage exercent leur action sur d'autres hommes ; ce qu'ils aspirent ardemment à dominer, ce sont leurs semblables.

Pour que les hommes existent, il faut nécessairement que cette action sur la nature, qu'on nomme travail, soit exercée.

Il se peut que les fruits de cette action profitent à la nation qui s'y livre ; il est possible aussi qu'ils arrivent de seconde main, et par force, à un autre peuple superposé sur le peuple travailleur.

Je ne puis développer ici toute cette pensée ; mais qu'on veuille bien y réfléchir, et l'on restera convaincu qu'entre deux agglomérations d'hommes placées dans des conditions si opposées tout doit différer, mœurs, coutumes, jugements, organisation, morale, religion ; et à ce point que les mots mêmes destinés à exprimer les relations les plus fondamentales, comme les mots famille, propriété, liberté, vertu, société, gouvernement, république, peuple, ne peuvent représenter, chez l'une et chez l'autre, les mêmes idées.

Un peuple de guerrier comprend bientôt que la Famille peut affaiblir le dévouement militaire (nous le sentons nous-mêmes,

12

puisque nous l'interdisons à nos soldats) ; cependant, il ne faut pas que la population s'arrête. Comment résoudre le problème ? Comme firent Platon en théorie et et Lycurgue en pratique : par la *promiscuité*. Platon, Lycurgue, voilà pourtant des noms qu'on nous habitue à ne prononcer qu'avec idolâtrie.

Pour ce qui est de la Propriété, je défie qu'on en trouve dans toute l'antiquité une définition passable. Nous disons, nous : l'homme est propriétaire de lui-même, par conséquent de ses facultés, et, par suite, du produit de ses facultés. Mais les Romains pouvaient-ils concevoir une telle notion ? Possesseurs d'esclaves, pouvaient-ils dire : l'homme s'appartient ? Méprisant le travail, pouvaient-ils dire : l'homme est propriétaire du produit de ses facultés ? C'eût été ériger en système le suicide collectif.

Sur quoi donc l'antiquité faisait-elle reposer la propriété ? Sur la loi, — idée funeste, la plus funeste qui se soit jamais introduite dans le monde, puisqu'elle justifie l'usage et l'abus de tout ce qu'il plaît à la loi de déclarer *propriété*, même des fruits du vol, même de l'homme.

Dans ces temps de barbarie, la Liberté ne pouvait être mieux comprise. Qu'est-ce que la Liberté ? C'est l'ensemble des libertés. Être libre, sous sa responsabilité, de penser et d'agir, de parler et d'écrire, de travailler et d'échanger, d'enseigner et d'apprendre, cela seul est être libre. Une nation disciplinée en vue d'une bataille sans fin peut-elle ainsi concevoir la Liberté ? Non, les Romains prostituaient ce nom à une certaine audace dans les luttes intestines que suscitait entre eux le partage du butin. Les chefs voulaient tout ; le peuple exigeait sa part. De là les orages du Forum, les retraites au mont Aventin, les lois agraires, l'intervention des tribuns, la popularité des conspirateurs ; de là cette maxime : *Malo periculosam libertatem*, etc., passée dans notre langue, et dont j'enrichissais, au collége, tous mes livres de classe :

Ô liberté ! que tes orages

Ont de charme pour les grands cœurs ! Beaux exemples, sublimes préceptes, précieuses semences à déposer dans l'âme de la jeunesse française !

Que dire de la morale romaine ? Et je ne parle pas ici des rapports de père à fils, d'époux à épouse, de patron à client, de maître à serviteur, d'homme à Dieu, rapports que l'esclavage, à lui tout seul, ne pouvait manquer de transformer en un tissu de turpitudes ; je veux ne m'arrêter qu'à ce qu'on nomme le beau côté de la république, le *patriotisme*. Qu'est-ce que ce patriotisme ? la haine de l'étranger. Détruire toute civilisation, étouffer tout progrès, promener sur le monde la torche et l'épée, enchaîner des femmes, des enfants, des vieillards aux chars de triomphe, c'était là la gloire, c'était là la vertu. C'est à ces atrocités qu'étaient réservés le marbre des statuaires et le chant des poëtes. Combien de fois nos jeunes cœurs n'ont-ils pas palpité d'admiration, hélas ! et d'émulation à ce spectacle ! C'est ainsi que nos professeurs, prêtres vénérables, pleins de jours et de charité, nous préparaient à la vie chrétienne et civilisée, tant est grande la puissance du *conventionalisme !*

La leçon n'a pas été perdue ; et c'est de Rome sans doute que nous vient cette sentence vraie du vol, fausse du travail : *Un peuple perd ce qu'un autre gagne*, sentence qui gouverne encore le monde.

Pour nous faire une idée de la morale romaine, imaginons, au milieu de Paris, une association d'hommes haïssant le travail, décidés à se procurer des jouissances par la ruse et la force, par conséquent en guerre avec la société.

Il ne faut pas douter qu'il ne se formât bientôt au sein de cette association une certaine morale et même de fortes vertus. Courage, persévérance, dissimulation, prudence, discipline, constance dans le malheur, secret profond, point d'honneur, dévouement à la communauté, telles seront sans doute les vertus que la nécessité et l'opinion développeraient parmi ces brigands ; telles furent celles des flibustiers ; telles furent celles des Romains. On dira que, quant à ceux-ci, la grandeur de leur entreprise et l'immensité du succès a jeté sur leurs crimes un voile assez glorieux pour les transformer en vertus. — Et c'est pour cela que cette école est si pernicieuse. Ce n'est pas le vice abject, c'est le vice couronné de splendeur qui séduit les âmes.

Enfin, relativement à la *société*, le monde ancien a légué au nouveau deux fausses notions qui l'ébranlent et l'ébranleront longtemps encore.

L'une : Que *la société est un état hors de nature, né d'un contrat*. Cette idée n'était pas aussi erronée autrefois qu'elle l'est de nos jours. Rome, Sparte, c'était bien deux associations d'hommes ayant un but commun et déterminé : le pillage ; ce n'était pas précisément des sociétés, mais des armées.

L'autre, corollaire de la précédente : Que *la loi créé les droits*, et que, par suite, le législateur et l'humanité sont entre eux dans les mêmes rapports que le potier et l'argile. Minos, Lycurgue, Solon, Numa avaient fabriqué les sociétés crétoise, lacédémonienne, athénienne, romaine. Platon était fabriquant de républiques imaginaires devant servir de modèles aux futurs *instituteurs des peuples* et *pères des nations*.

Or, remarquez-le bien, ces deux idées forment le caractère spécial, le cachet distinctif du *socialisme,* en prenant ce mot dans le sens défavorable et comme la commune étiquette de toutes les utopies sociales.

Quiconque, ignorant que le corps social est un ensemble de lois naturelles, comme le corps humain, rêve de créer une société artificielle, et se prend à manipuler à son gré la famille, la propriété, le droit, l'humanité, est socialiste. Il ne fait pas de la physiologie, il fait de la statuaire ; il n'observe pas, il invente ; il ne croit pas en Dieu, il croit en lui-même ; il n'est pas savant, il est tyran ; il ne sert pas les hommes, il en dispose ; il n'étudie pas leur nature, il la change, suivant le conseil de Rousseau[2]. Il s'inspire de l'antiquité ; il procède de Lycurgue et de Platon. — Et pour tout dire, à coup sûr, il est *bachelier*.

Vous exagérez, me dira-t-on, il n'est pas possible que notre studieuse jeunesse puise, dans la belle antiquité, des opinions et des sentiments si déplorables.

Et que voulez-vous qu'elle y puise que ce qui y est ? Faites un effort de mémoire et rappelez-vous dans quelle disposition d'esprit, au sortir du collége, vous êtes entré dans le monde. Est-ce que vous ne brûliez pas du désir d'imiter les ravageurs de la terre et les agitateurs du Forum ? Pour moi, quand je vois la société actuelle jeter les jeunes gens, par dizaines de mille, dans le moule des Brutus et des Gracques, pour les lancer ensuite, incapables de tout travail honnête (*opus servile*), dans la presse et dans la rue, je m'étonne qu'elle résiste à cette épreuve. Car l'enseignement classique n'a pas seulement l'imprudence de nous plonger dans la vie romaine. Il nous y plonge en nous habituant à nous passionner pour elle, à la considérer comme le beau idéal de l'humanité, type sublime, trop haut placé pour les âmes modernes, mais que nous devons nous efforcer d'imiter sans jamais prétendre à l'atteindre[3].

Objectera-t-on que le Socialisme a envahi les classes qui n'aspirent pas au Baccalauréat ?

Je répondrai avec M. Thiers :

« L'enseignement secondaire apprend aux enfants des classes aisées les langues anciennes… Ce ne sont pas seulement des mots qu'on apprend aux enfants en leur apprenant le grec et le latin, ce sont de nobles et sublimes choses (la spoliation, la guerre et l'esclavage), c'est l'histoire de l'humanité sous des images simples, grandes, *ineffaçables*… L'instruction secondaire forme ce qu'on appelle les classes éclairées d'une nation. Or, si les classes éclairées ne sont pas la nation tout entière, elles la caractérisent. Leurs vices, leurs qualités, leurs penchants bons et mauvais sont bientôt ceux de la nation tout entière, elles font le peuple lui-même par la contagion de leurs idées et de leurs sentiments[4]. » (Très-bien.)

Rien n'est plus vrai, et rien n'explique mieux les déviations funestes et factices de nos révolutions.

« L'antiquité, ajoutait M. Thiers, osons le dire à un siècle orgueilleux de lui-même, l'antiquité est *ce qu'il y a de plus beau au monde*. Laissons, Messieurs, laissons l'enfance dans l'antiquité, comme dans un asile *calme, paisible* et *sain*, destiné à la conserver fraîche et pure. »

Le calme de Rome ! la paix de Rome ! la pureté de Rome ! oh ! si la longue expérience et le remarquable bon sens de M. Thiers n'ont pu le préserver d'un engouement si étrange, comment voulez-vous que notre ardente jeunesse s'en défende[5] ?

Ces jours-ci l'Assemblée nationale a assisté à un dialogue comique, digne assurément du pinceau de Molière.

M. THIERS, s'adressant du haut de la tribune, et sans rire, à M. Barthélemy Saint-Hilaire : « Vous avez tort, non pas sous le rapport de l'art, mais *sous le rapport moral*, de préférer pour des Français surtout, qui sont une nation latine, les lettres grecques aux latines. »

M. BARTHÉLEMY SAINT-HILAIRE, aussi sans rire : « Et Platon ! »

M. THIERS, toujours sans rire : « On a bien fait, on fait bien de soigner les études grecques et latines. Je préfère les latines *dans un but moral*. Mais on a voulu que ces pauvres jeunes gens sussent en même temps l'allemand, l'anglais, les sciences exactes, les sciences physiques, l'histoire, etc. »

Savoir ce qui est, voilà le mal. S'imprégner des mœurs romaines, voilà la moralité !

M. Thiers n'est ni le premier ni le seul qui ait succombé à cette illusion, j'ai presque dit à cette mystification. Qu'il me soit permis de signaler, en peu de mots, l'empreinte profonde (et quelle empreinte !) que l'enseignement classique a imprimée à la littérature, à la morale et à la politique de notre pays.

C'est un tableau que je n'ai ni le loisir ni la prétention d'achever, car quel écrivain ne devrait comparaître ? Contentons-nous d'une esquisse.

Je ne remonterai pas à Montaigne. Chacun sait qu'il était aussi Spartiate par ses velléités qu'il l'était peu par ses goûts.

Quant à Corneille, dont je suis l'admirateur sincère, je crois qu'il a rendu un triste service à l'esprit du siècle en revêtant de beaux vers, en donnant un cachet de grandeur sublime à des sentiments forcés, outrés, farouches, anti-sociaux, tels que ceux-ci :

Mais vouloir au public immoler ce qu'on aime,
S'attacher au combat contre un autre soi-même…
Une telle vertu n'appartenait qu'à nous…
Rome a choisi mon bras, je n'examine rien,
Avec une allégresse aussi pleine et sincère
Que j'épousai la sœur, je combattrai le frère.

Frédéric Bastiat

Et j'avoue que je me sens disposé à partager le sentiment de Curiace, en en faisant l'application non à un fait particulier, mais à l'histoire de Rome tout entière, quand il dit :

Je rends grâces aux dieux de n'être pas Romain
Pour conserver encor quelque chose d'humain.

Fénelon. Aujourd'hui, le *Communisme* nous fait horreur, parce qu'il nous effraie ; mais la longue fréquentation des anciens n'avait-elle pas fait un communiste de Fénelon, de cet homme que l'Europe moderne regarde avec raison comme le plus beau type de la perfection morale ? Lisez son *Télémaque*, ce livre qu'on se hâte de mettre dans les mains de l'enfance ; vous y verrez Fénelon empruntant les traits de la Sagesse elle-même pour instruire les législateurs. Et sur quel plan organise-t-il sa société-modèle ? D'un côté, le législateur pense, invente, agit ; de l'autre, la société, impassible et inerte, se laisse faire. Le mobile moral, le principe d'action est ainsi arraché à tous les hommes pour être l'attribut d'un seul. Fénelon, précurseur de nos modernes organisateurs les plus hardis, décide de l'alimentation, du logement, du vêtement, des jeux, des occupations de tous les Salentins. Il dit ce qu'il leur sera permis de boire et de manger, sur quel plan leurs maisons devront être bâties, combien elles auront de chambres, comment elles seront meublées.

Il dit… mais je lui cède la parole.

« Mentor établit des magistrats à qui les marchands rendaient compte de leurs effets, de leurs profits, de leurs dépenses et de leurs entreprises… D'ailleurs, la liberté du commerce était entière… Il défendit toutes les marchandises de pays étrangers qui pouvaient introduire le luxe et la mollesse… Il retrancha un nombre prodigieux de marchands qui vendaient des étoffes façonnées, etc… Il régla les habits, la nourriture, les meubles, la grandeur et l'ornement des maisons pour toutes les conditions différentes.

Réglez les conditions par la naissance, disait-il au roi… ; les personnes du premier rang, après vous, seront vêtues de blanc… ; celles du second rang, de bleu… ; les troisièmes, de vert… ; les

18

quatrièmes d'un jaune aurore… ; les cinquièmes, d'un rouge pâle ou rose… ; les sixièmes, d'un gris de lin… ; et les septièmes, qui seront les dernières du peuple, d'une couleur mêlée de jaune et de blanc. Voilà les habits de sept conditions différentes pour les hommes libres. Tous les esclaves seront vêtus de gris brun. On[6] ne souffrira jamais aucun changement, ni pour la nature des étoffes, ni pour la forme des habits.

Il régla de même la nourriture des citoyens et des esclaves.

Il retrancha ensuite la musique molle et efféminée.

Il donna des modèles d'une architecture simple et gracieuse. Il voulut que chaque maison un peu considérable eût un salon et un péristyle, avec de petites chambres pour toutes *les personnes libres.*

Au reste, la modération et la frugalité de Mentor n'empêchèrent pas qu'il n'autorisât tous les grands bâtiments destinés aux courses de chevaux et de chariots, aux *combats de lutteurs et à ceux du ceste.*

La peinture et la sculpture parurent à Mentor des arts qu'il n'est pas permis d'abandonner ; mais il voulut qu'on souffrît dans Salente peu d'hommes attachés à ces arts. »

Ne reconnaît-on pas là une imagination enflammée par la lecture de Platon et l'exemple de Lycurgue, s'amusant à faire ses expériences sur les hommes comme sur de la vile matière ?

Et qu'on ne justifie pas de telles chimères en disant qu'elles sont le fruit d'une excessive bienveillance. Autant il en est de tous les organisateurs et désorganisateurs de sociétés.

Rollin. Il est un autre homme, presque l'égal de Fénelon par l'intelligence et par le cœur, et qui, plus que Fénelon, s'est occupé d'éducation, c'est Rollin. Eh bien ! à quel degré d'abjection intellectuelle et morale la longue fréquentation de l'antiquité n'avait-elle pas réduit ce bonhomme Rollin ! On ne peut lire ses livres sans se sentir saisi de tristesse et de pitié. On ne sait s'il est chrétien ou païen, tant il se montre impartial entre Dieu et les dieux. Les miracles de la Bible et les légendes des temps héroïques trouvent en lui la même crédulité. Sur sa physionomie placide on voit toujours errer l'ombre des passions guerrières ; il ne parle que de javelots, d'épées et de catapultes. C'est pour lui, comme pour Bossuet, un des problèmes sociaux les plus intéressants, de savoir si la phalange macédonienne valait mieux que la légion romaine. Il exalte les Romains pour ne s'être adonnés qu'aux sciences qui ont pour objet la domination : l'éloquence, la politique, la guerre. À ses yeux, toutes les autres connaissances sont des sources de corruption, et ne sont propres qu'à incliner les hommes vers la paix ; aussi il les bannit soigneusement de ses collèges, aux applaudissements de M. Thiers. Tout son encens est pour Mars et Bellone ; à peine s'il en détourne quelques grains pour le Christ. Triste jouet du *conventionalisme* qu'a fait prédominer l'instruction classique, il est si décidé d'avance à admirer les Romains, que, en ce qui les concerne, la simple abstention des plus grands forfaits est mise par lui au niveau des plus hautes vertus. Alexandre, pour avoir regretté d'avoir assassiné son meilleur ami, Scipion, pour n'avoir pas enlevé une femme à son époux, font preuve, à ses yeux, d'un héroïsme inimitable. Enfin, s'il a fait de chacun de nous une *contradiction vivante,* il en est, certes, le plus parfait modèle.

On pense bien que Rollin était enthousiaste du Communisme et des institutions lacédémoniennes. Rendons-lui justice, cependant ; son admiration n'est pas exclusive. Il reprend, avec les ménagements convenables, ce législateur d'avoir imprimé à son œuvre quatre taches légères :

1° L'oisiveté,

2° La promiscuité,

3° Le meurtre des enfants,

4° L'assassinat en masse des esclaves.

Ces quatre réserves une fois faites, le bonhomme, rentrant dans le *conventionalisme* classique, voit en Lycurgue non un homme, mais un dieu, et trouve sa police parfaite.

L'intervention du législateur en toutes choses paraît à Rollin si indispensable, qu'il félicite très-sérieusement les Grecs de ce qu'un homme nommé *Pélasge* soit venu leur enseigner à manger du gland. Avant, dit-il, ils broutaient l'herbe comme les bêtes.

Ailleurs, il dit :

« Dieu devait l'empire du monde aux Romains en récompense

de leurs grandes vertus, qui ne sont qu'apparentes. Il n'aurait pas fait justice s'il avait accordé à ces vertus, qui n'ont rien de réel, un moindre prix. »

Ne voit-on pas clairement ici le conventionalisme et le christianisme se disputer, dans la personne de Rollin, une pauvre âme en peine ? L'esprit de cette phrase, c'est l'esprit de tous les ouvrages du fondateur de l'enseignement en France. Se contredire, faire Dieu se contredire et nous apprendre à nous contredire, c'est tout Rollin, c'est tout le Baccalauréat.

Si la Promiscuité et l'Infanticide éveillent les scrupules de Rollin, à l'égard des institutions de Lycurgue, il se passionne pour tout le reste, et trouve même moyen de justifier le vol. Voici comment. Le trait est curieux, et se rattache assez à mon sujet pour mériter d'être rapporté.

Rollin commence par poser en principe que la LOI CRÉE LA PROPRIÉTÉ, — principe funeste, commun à tous les organisateurs, et que nous retrouverons bientôt dans la bouche de Rousseau, de Mably, de Mirabeau, de Robespierre et de Babeuf. Or, puisque la loi est la raison d'être de la propriété, ne peut-elle pas être aussi bien la raison d'être du vol ? Qu'opposer à ce raisonnement ?

« Le vol était permis à Sparte, dit Rollin, il était sévèrement puni chez les Scythes. La raison de cette différence est sensible, c'est que la loi, *qui seule décide de la propriété et de l'usage des biens*, n'avait rien accordé chez les Scythes à un particulier sur le bien d'un autre, et que la loi, chez les Lacédémoniens, avait fait tout le contraire. »

Ensuite, le bon Rollin, dans l'ardeur de son plaidoyer en faveur du vol et de Lycurgue, invoque la plus incontestable des autorités, celle de Dieu :

« Rien n'est plus ordinaire, dit-il, que des droits semblables accordés sur le bien d'autrui : c'est ainsi que Dieu non-seulement avait donné aux pauvres le pouvoir de cueillir du raisin dans les vignes et de glaner dans les champs, et d'en emporter les gerbes entières,

Frédéric Bastiat

mais avait encore accordé à tout passant sans distinction la liberté d'entrer autant de fois qu'il lui plaisait dans la vigne d'autrui, et d'en manger autant de raisin qu'il voulait, *malgré le maître de la vigne*. Dieu en rend lui-même la première raison. C'est que la terre d'Israël était à lui et que les Israélites n'en jouissaient qu'à cette condition onéreuse. »

On dira, sans doute, que c'est là une doctrine personnelle à Rollin. C'est justement ce que je dis. Je cherche à montrer à quel état d'infirmité morale la fréquentation habituelle de l'effroyable Société antique peut réduire les plus belles et les plus honnêtes intelligences.

Montesquieu. On a dit de Montesquieu qu'il avait retrouvé les titres du genre humain. C'est un de ces grands écrivains dont chaque phrase a le privilège de faire autorité. À Dieu ne plaise que je veuille amoindrir sa gloire ! Mais que ne faut-il pas penser de l'éducation classique, si elle est parvenue à égarer cette noble intelligence au point de lui faire admirer dans l'antiquité les institutions les plus barbares ?

Les anciens Grecs, pénétrés de la nécessité que les peuples qui vivaient sous un gouvernement populaire fussent élevés *à la vertu*, firent pour l'inspirer des institutions singulières. Les lois de Crète étaient l'original de celles de Lacédémone ; et celles de Platon en étaient la correction.

Je prie qu'on fasse un peu d'attention à l'étendue de génie qu'il fallut à ces législateurs pour voir qu'en choquant tous les usages reçus, en confondant toutes les vertus, ils montreraient à l'univers *leur sagesse*. Lycurgue, mêlant le larcin avec l'esprit de justice, le plus dur esclavage avec l'extrême liberté, les sentiments les plus atroces avec la plus grande modération, donna de la stabilité à sa ville. Il sembla lui ôter toutes les ressources, les arts, le commerce, l'argent, les murailles ; on y a de l'ambition sans espérance d'être mieux ; *on y a les sentiments naturels, et on n'y est ni enfant, ni mari, ni père* ; la pudeur même est ôtée à la chasteté. C'est par ces chemins que Sparte est menée *à la grandeur et à la gloire* ; mais avec une telle infaillibilité de ses institutions, qu'on n'obtenait rien contre elle en gagnant des batailles, si on ne parvenait à lui ôter sa police. (*Esprit des Lois*, livre IV, chap. VIII.)

Ceux qui voudront faire des institutions pareilles établiront la communauté des biens de la république de Platon ; ce respect qu'il demandait pour les dieux, cette séparation d'avec les étrangers, pour la conservation des mœurs, et la cité faisant le commerce et non pas les citoyens ; ils donneront nos arts sans notre luxe, et nos besoins sans nos désirs.

Montesquieu explique en ces termes la grande influence que les anciens attribuaient à la musique.

…Je crois que je pourrais expliquer ceci : Il faut se mettre dans l'esprit que dans les villes grecques, surtout celles qui avaient *pour principal objet* la guerre, tous les travaux et toutes les professions qui pouvaient conduire à gagner de l'argent étaient regardés comme *indignes d'un homme libre*. « La plupart des arts, dit Xénophon, corrompent le corps de ceux qui les exercent ; ils obligent à s'asseoir à l'ombre ou près du feu : on n'a de temps ni pour ses amis ni pour la république. » Ce ne fut que dans *la corruption* de quelques démocraties que les artisans parvinrent à être citoyens. C'est ce qu'Aristote nous apprend ; et il soutient qu'une bonne république ne leur donnera jamais le droit de cité.

L'agriculture était encore une profession *servile*, et ordinairement c'était quelque peuple vaincu qui l'exerçait : les Ilotes, chez les Lacédémoniens ; les Périéciens chez les Crétois ; les Pénestes, chez les Thessaliens ; d'autres peuples esclaves, dans d'autres républiques.

Enfin tout le commerce était *infâme* chez les Grecs. *Il aurait fallu qu'un citoyen eût rendu des services à un esclave*, à un locataire, à un étranger : cette idée *choquait l'esprit de la liberté grecque*. Aussi Platon veut-il dans ses lois qu'on punisse un citoyen qui ferait le commerce…

ON était donc *fort embarrassé* dans les républiques grecques : ON ne voulait pas que les citoyens travaillassent au commerce, à l'agriculture ni aux arts ; ON ne voulait pas non plus qu'ils fussent oisifs. Ils trouvaient une occupation dans les exercices qui dépendent de la gymnastique et dans ceux qui avaient du *rapport à la guerre*. L'institution ne leur en donnait point d'autres. Il faut donc regarder les Grecs comme une société d'athlètes et de combattants. Or ces exercices, si propres à faire des gens durs et sauvages, avaient besoin d'être tempérés par d'autres qui pussent adoucir les mœurs. La musique, qui tient à l'esprit par les organes du corps, était très-propre à cela. (*Esprit des Lois*, livre V.)

Voilà l'idée que l'enseignement classique nous donne de la Liberté. Voici maintenant comment il nous enseigne à comprendre l'Égalité et la Frugalité :

Quoique dans la démocratie l'égalité réelle soit l'âme de l'État, cependant elle est si difficile à établir qu'une exactitude extrême à cet égard ne conviendrait pas toujours. Il suffit que l'on établisse un cens qui réduise ou fixe les différences à un certain point ; après quoi c'est à des lois particulières à égaliser pour ainsi dire les inégalités, par les charges qu'elles imposent aux riches et le soulagement qu'elles accordent aux pauvres. (*Esprit des Lois*, livre V, chap. v.)

Il ne suffit pas dans une bonne démocratie que les portions de terre soient égales ; il faut qu'elles soient petites comme chez les Romains…

Comme l'égalité des fortunes entretient la frugalité, la frugalité maintient l'égalité des fortunes. Ces choses, quoique différentes, sont telles qu'elles ne peuvent subsister l'une sans l'autre. (*Esprit des Lois*, chap. vi.)

Les Samnites avaient une coutume qui, dans une petite république, et surtout dans la situation où était la leur, devait produire d'*admirables effets*. On assemblait tous les jeunes gens et on les jugeait. Celui qui était déclaré *le meilleur* de tous prenait pour sa femme la fille qu'il voulait ; celui qui avait les suffrages après lui choisissait encore, et ainsi de suite… Il serait difficile d'imaginer une récompense plus noble, plus grande, moins à charge à un petit État, plus capable d'agir sur l'un et l'autre sexe.

Les Samnites descendaient des Lacédémoniens ; et, Platon, dont les institutions ne sont que la perfection des lois de Lycurgue, donna à peu près une pareille loi. (*Esprit des Lois*, livre VII, chap. XVI.)

Rousseau. Aucun homme n'a exercé sur la révolution française autant d'influence que Rousseau. « Ses ouvrages, dit L. Blanc, étaient sur la table du comité de salut public. » « Ses paradoxes, dit-il encore, que son siècle prit pour des hardiesses littéraires, devaient bientôt retentir dans les assemblées de la nation sous la forme de vérités dogmatiques et *tranchantes comme l'épée*. » Et, afin que le lien moral qui rattache Rousseau à l'antiquité ne soit pas méconnu, le même panégyriste ajoute : « Son style rappelait le langage pathétique et véhément d'un *fils de Cornélie*. »

Qui ne sait, d'ailleurs, que Rousseau était l'admirateur le plus passionné des idées et des mœurs qu'on est convenu d'attribuer aux Romains et aux Spartiates ? Il dit lui-même que la lecture de Plutarque l'a fait ce qu'il est.

Son premier écrit fut dirigé contre l'intelligence humaine. Aussi, dès les premières pages, il s'écrie :

Oublierai-je que ce fut dans le sein de la Grèce qu'on vit s'élever cette cité aussi célèbre par son *heureuse ignorance* que par la *sagesse* de ses lois ; cette république *de demi-dieux plutôt que d'hommes*, tant leurs vertus semblaient supérieures à l'humanité ? Ô Sparte ! opprobre éternel d'une vaine doctrine ! tandis que les vices conduits par les beaux-arts s'introduisaient dans Athènes, tandis qu'un tyran y rassemblait avec tant de soin les ouvrages du prince des poëtes, tu chassais de tes murs les arts et les artistes, les sciences et les savants ! (*Discours sur le rétablissement des sciences et des arts.*)

Dans son second ouvrage, le *Discours sur l'inégalité des conditions*, il s'emporta avec plus de véhémence encore contre toutes les bases de la société et de la civilisation. C'est pourquoi il se croyait l'interprète de la sagesse antique :

« Je me supposerai dans le lycée d'Athènes, répétant les leçons de *mes maîtres*, ayant les Platon et les Xénocrate pour juges, et le genre humain pour auditeur. »

L'idée dominante de ce discours célèbre peut se résumer ainsi : Le sort le plus affreux attend ceux qui, ayant le malheur de naître après nous, ajouteront leurs connaissances aux nôtres. Le développement de nos facultés nous rend déjà très-malheureux. Nos pères l'étaient moins étant plus ignorants. Rome approchait de la perfection ; Sparte l'avait réalisée, autant que la perfection est compatible avec l'état social. Mais le vrai bonheur pour l'homme, c'est de vivre dans les bois, seul, nu, sans liens, sans affections, sans langage, sans religion, sans idées, sans famille, enfin dans cet état où il était si rapproché de la bête qu'il est fort douteux qu'il se tint debout et que ses mains ne fussent pas des pieds.

Malheureusement, cet âge d'or ne s'est pas perpétué. Les hommes ont passé par un état intermédiaire qui ne laissait pas que d'avoir des charmes :

« Tant qu'ils se contentèrent de leurs cabanes rustiques, tant qu'ils se contentèrent de coudre leurs habits de peaux avec des arêtes, à se parer de plumes et de coquillages, à se peindre le corps de diverses couleurs… tant qu'ils ne s'occupèrent que des ouvrages *qu'un seul* pouvait faire, ils vécurent libres, sains, bons et heureux. »

Hélas ! ils ne surent pas s'arrêter à ce premier degré de culture :

« Dès l'instant qu'un homme *eut besoin du secours d'un autre* (voilà la société qui fait sa funeste apparition) ; dès qu'on s'aperçut qu'il était utile à un seul d'avoir des provisions pour deux, l'égalité disparut, la propriété s'introduisit, le travail devint nécessaire…

La métallurgie et l'agriculture furent les deux arts dont l'invention produisit cette grande révolution. Pour le poëte, c'est l'or et l'argent, pour le philosophe, c'est le *fer* et le *blé* qui ont civilisé les hommes et *perdu le genre humain*. »

Il fallut donc sortir de l'*état de nature* pour entrer dans la *société*. Ceci est l'occasion du troisième ouvrage de Rousseau, *le Contrat social.*

Il n'entre pas dans mon sujet d'analyser ici cette œuvre ; je me bornerai à faire remarquer que les idées gréco-romaines s'y reproduisent à chaque page.

Puisque la société est un pacte, chacun a droit de stipuler pour lui-même.

Il n'appartient qu'à ceux qui s'associent de régler les conditions de la société.

Mais cela n'est pas facile.

Comment les régleront-ils ? sera-ce d'un commun accord, par une inspiration subite ?... Comment une multitude aveugle, qui souvent ne sait ce qu'elle veut, exécuterait-elle d'elle-même une entreprise aussi grande, aussi difficile qu'un système de législation ?... De là la nécessité d'un législateur.

Ainsi le suffrage universel est aussitôt escamoté en pratique qu'admis en théorie.

Car comment s'y prendra ce législateur, qui *doit être, à tous égards, un homme extraordinaire, qui, osant entreprendre d'instituer un peuple, doit se sentir en état de changer la nature humaine, d'altérer la constitution physique et morale de l'homme,* qui doit, en un mot, *inventer la machine* dont les hommes sont la matière ?

Rousseau prouve fort bien ici que le législateur ne peut compter ni sur la force, ni sur la persuasion. Comment sortir de ce pas ? Par l'imposture.

« Voilà ce qui força de tout temps les pères des nations à recourir à l'intervention du ciel et d'honorer les dieux de leur propre sagesse... Cette raison sublime, qui s'élève au-dessus des âmes vulgaires, est celle dont le législateur met les décisions dans la bouche des immortels, pour entraîner, par l'autorité divine, ceux que ne pourrait ébranler la prudence humaine. Mais il n'appartient pas à tout le monde de faire parler les *dieux*. » (*Les Dieux ! les Immortels !* réminiscence classique.)

Comme Platon et Lycurgue, ses maîtres, comme les Spartiates et les Romains, ses héros, Rousseau donnait aux mots *travail* et *liberté* un sens selon lequel ils expriment deux idées incompatibles. Dans l'état social, il faut donc opter : renoncer à être libre, ou mourir de faim. Il y a cependant une issue à la difficulté, c'est l'esclavage.

« À l'instant qu'un peuple se donne des représentants, il n'est plus libre ; il n'est plus !

Chez les Grecs, tout ce que le peuple avait à faire, il le faisait lui-même. Il était sans cesse assemblé sur la place ; *des esclaves faisaient ses travaux ; sa grande affaire était la liberté*. N'ayant plus les mêmes avantages, comment conserver les mêmes droits ? Vous donnez plus à votre gain qu'à votre liberté, et vous craignez bien moins l'esclavage que la misère.

Quoi ! la liberté ne se maintient qu'à l'appui de la servitude ? Peut-être. Les deux excès se touchent. Tout ce qui n'est pas dans la nature a ses inconvénients, et la société civile plus que tout le reste. Il y a telles positions malheureuses où on ne peut sauver sa liberté qu'aux dépens de celle d'autrui, et où le citoyen ne peut être extrêmement libre que l'esclave ne soit extrêmement esclave. Telle était la position de Sparte. Pour vous, peuples modernes, vous n'avez point d'esclaves, mais vous l'êtes, etc. »

Voilà bien le conventionalisme classique. Les anciens avaient été poussés à se donner des esclaves par leurs instincts brutaux. Mais comme c'est un parti pris, une tradition de collège de trouver beau tout ce qu'ils ont fait, on leur attribue des raisonnements raffinés sur la quintessence de la liberté.

L'opposition qu'établit Rousseau entre l'état de la nature et l'état social est aussi funeste à la morale privée qu'à la morale publique. Selon ce système, la société est le résultat d'un pacte qui donne naissance à la Loi, laquelle, à son tour, tire du néant la justice et la moralité. Dans l'état de nature, il n'y a ni moralité ni justice. Le père n'a aucun devoir envers son fils, le fils envers son père, le mari envers sa femme, la femme envers son mari. « Je ne dois rien à qui je n'ai rien promis ; je ne reconnais à autrui que ce qui m'est inutile ; j'ai un droit illimité à tout ce qui me tente et que je puis atteindre. »

Il suit de là que si le pacte social une fois conclu vient à être dissous, tout s'écroule à la fois, société, loi, moralité, justice, devoir. « Chacun, dit Rousseau, rentre dans ses droits primitifs, et reprend sa liberté naturelle en perdant la liberté conventionnelle pour laquelle il y renonça. »

Or, il faut savoir qu'il faut bien peu de chose pour que le pacte social soit dissous. Cela arrive toutes les fois qu'un particulier viole ses engagements ou se soustrait à l'exécution d'une loi quelconque. Qu'un condamné s'évade quand la société lui dit : *Il est expédient que tu meures* ; qu'un citoyen refuse l'impôt, qu'un comptable mette la main dans la caisse publique, *à l'instant* le contrat social est violé, tous les devoirs moraux cessent, la justice n'existe plus, les pères, les mères, les enfants, les époux ne se doivent rien ; chacun a un droit illimité à tout ce qui le tente ; en un mot, la population tout entière rentre dans l'état de nature.

Je laisse à penser les ravages que doivent faire de pareilles doctrines aux époques révolutionnaires.

Elles ne sont pas moins funestes à la morale privée. Quel est le jeune homme, entrant dans le monde plein de fougue et de désirs, qui ne se dise : « Les impulsions de mon cœur sont la voix de la nature, qui ne se trompe jamais. Les institutions qui me font obstacle viennent des hommes, et ne sont que des conventions arbitraires auxquelles je n'ai pas concouru. En foulant aux pieds ces institutions, j'aurai le double plaisir de satisfaire mes penchants et de me croire un héros. »

Faut-il rappeler ici cette triste et douloureuse page des *Confessions ?*

« Mon troisième enfant fut donc mis aux Enfants trouvés, ainsi que les deux premiers. Il en fut de même des deux suivants, car j'en ai eu cinq en tout. Cet arrangement me parut si bon, que, si je ne m'en vantai pas, ce fut uniquement par égard pour leur mère… En livrant mes enfants à l'éducation publique… *je me regardais comme un membre de la république de Platon !*»

Frédéric Bastiat

Mably. Il n'est pas besoin de citations pour prouver la gréco-ro-mano-manie de l'abbé Mably. Homme tout d'une pièce, d'un esprit plus étroit, d'un cœur moins sensible que Rousseau, l'idée chez lui admettait moins de tempéraments et de mélanges. Aussi fut-il franchement platonicien, c'est-à-dire communiste. Convaincu, comme tous les classiques, que l'humanité est une matière première pour les fabricants d'institutions, comme tous les classiques aussi, il aimait mieux être fabricant que matière première. En conséquence, il se pose comme Législateur. À ce titre, il fut d'abord appelé à *instituer* la Pologne, et il ne paraît pas avoir réussi. Ensuite, il offrit aux Anglo-Américains le brouet noir des Spartiates, à quoi il ne put les décider. Outré de cet aveuglement, il prédit la chute de l'Union et ne lui donna pas pour cinq ans d'existence.

Qu'il me soit permis de faire ici une réserve. En citant les doctrines absurdes et subversives d'hommes tels que Fénelon, Rollin, Montesquieu, Rousseau, je n'entends certes pas dire qu'on ne doive à ces grands écrivains des pages pleines de raison et de moralité. Mais ce qu'il y a de faux dans leurs livres vient du conventionalisme classique, et ce qu'il y a de vrai dérive d'une autre source. C'est précisément ma thèse que l'enseignement exclusif des lettres grecques et latines fait de nous tous des *contradictions vivantes.* Il nous tire violemment vers un passé dont il glorifie jusqu'aux horreurs, pendant que le christianisme, l'esprit du siècle et ce fonds de bon sens qui ne perd jamais ses droits, nous montrent l'idéal dans l'avenir.

Je vous fais grâce de Morelly, Brissot, Raynal, justifiant, que dis-je ? exaltant à l'envi la guerre, l'esclavage, l'imposture sacerdotale, la communauté des biens, l'oisiveté. Qui pourrait se méprendre sur la source impure de pareilles doctrines ? Cette source, j'ai pourtant besoin de la nommer encore, c'est l'éducation classique telle qu'elle nous est imposée à tous par le Baccalauréat.

Ce n'est pas seulement dans les œuvres littéraires que la *calme, paisible et pure* antiquité a versé son poison, mais encore dans les livres des jurisconsultes. Je défie bien qu'on trouve dans aucun de nos légistes quelque chose qui approche d'une notion raisonnable sur le droit de propriété. Et que peut être une législation d'où cette notion est absente ? Ces jours-ci, j'ai eu l'occasion d'ouvrir le *Traité du droit des gens,* par Vattel. J'y vois que l'auteur a consacré un chapitre à l'examen de cette question : *Est-il permis d'enlever des femmes ?* Il est clair que la légende des Romains et des Sabines nous a valu ce précieux morceau. L'auteur, après avoir pesé, avec le plus grand sérieux, le *pour* et le *contre*, se décide en faveur de l'affirmative. Il devait cela à la gloire de Rome. Est-ce que les Romains ont eu jamais tort ? Il y a un *conventionalisme* qui nous défend de le penser ; ils sont Romains, cela suffit. Incendie, pillage, rapt, tout ce qui vient d'eux est *calme, paisible et pur.*

Alléguera-t-on que ce ne sont là que des appréciations personnelles ! Il faudrait que notre société jouât de bonheur pour que l'action uniforme de l'enseignement classique, renforcée par l'assentiment de Montaigne, Corneille, Fénelon, Rollin, Montesquieu, Rousseau, Raynal, Mably, ne concourût pas à former l'opinion générale. C'est ce que nous verrons.

En attendant, nous avons la preuve que l'idée communiste ne s'était pas emparée seulement de quelques individualités, mais de corporations entières, et les plus instruites comme les plus influentes. Quand les jésuites voulurent organiser un ordre social au Paraguay, quels furent les plans que leur suggérèrent leurs études passées ? Ceux de Minos, Platon et Lycurgue. Ils réalisèrent le communisme, qui, à son tour, ne manqua pas de réaliser ses tristes conséquences. Les Indiens descendirent à quelques degrés au-dessous de l'état sauvage. Cependant, telle était la prévention invétérée des Européens en faveur des institutions communistes, toujours présentées comme le type de la perfection, qu'on célébrait de toutes parts le bonheur et la vertu de ces êtres sans nom (car ce n'étaient plus des hommes), végétant sous la houlette des jésuites.

Rousseau, Mably, Montesquieu, Raynal, ces grands prôneurs des Missions, avaient-ils vérifié les faits ? Pas le moins du monde. Est-ce que les livres grecs et latins peuvent tromper ? Est-ce qu'on peut s'égarer en prenant pour guide Platon ? Donc, les Indiens du Paraguay étaient heureux ou devaient l'être, sous peine d'être misérables contre toutes les règles. Azara, Bougainville et d'autres voyageurs partirent sous l'influence de ces idées préconçues pour aller admirer tant de merveilles. D'abord, la triste réalité avait beau leur crever les yeux, ils ne pouvaient y croire. Il fallut pourtant se rendre à l'évidence, et ils finirent par constater, à leur grand regret, que le communisme, séduisante chimère, est une affreuse réalité.

Frédéric Bastiat

La logique est inflexible. Il est bien clair que les auteurs que je viens de citer n'avaient pas osé pousser leur doctrine jusqu'au bout. Morelly et Brissot se chargèrent de réparer cette inconséquence. En vrais platoniciens, ils prêchèrent ouvertement la communauté des biens et des femmes, et cela, remarquons-le bien, en invoquant sans cesse les exemples et les préceptes de cette belle antiquité que tout le monde est convenu d'admirer.

Tel était, sur la Famille, la Propriété, la Liberté, la Société, l'état où l'éducation donnée par le clergé avait réduit l'opinion publique en France, quand éclata la Révolution. Elle s'explique, sans doute, par des causes étrangères à l'enseignement classique. Mais est-il permis de douter que cet enseignement n'y ait mêlé une foule d'idées fausses, de sentiments brutaux, d'utopies subversives, d'expérimentations fatales ? Qu'on lise les discours prononcés à l'Assemblée législative et à la Convention. C'est la langue de Rousseau et de Mably. Ce ne sont que prosopopées, invocations, apostrophes à Fabricius, à Caton, aux deux Brutus, aux Gracques, à Catilina. Va-t-on commettre une atrocité ? On trouve toujours, pour la glorifier, l'exemple d'un Romain. Ce que l'éducation a mis dans l'esprit passe dans les actes. Il est convenu que Sparte et Rome sont des modèles ; donc il faut les imiter ou les parodier. L'un veut instituer les jeux Olympiques, l'autre les lois agraires et un troisième le brouet noir dans les rues.

Je ne puis songer à épuiser ici cette question, bien digne qu'une main exercée y consacre autre chose qu'un pamphlet : « De l'influence des lettres grecques et latines sur l'esprit de nos révolutions. » Je dois me borner à quelques traits.

Deux grandes figures dominent la Révolution française et semblent la personnifier : Mirabeau et Robespierre. Quelle était leur doctrine sur la Propriété ?

Nous avons vu que les peuples qui, dans l'antiquité, avaient fondé leurs moyens d'existence sur la rapine et l'esclavage ne pouvaient rattacher la propriété à son véritable principe. Ils étaient obligés de la considérer comme un fait de convention, et ils la faisaient reposer sur la loi, ce qui permet d'y faire entrer l'esclavage et le vol, comme l'explique si naïvement Rollin.

Rousseau avait dit aussi : « La propriété est de convention et d'ins-

titution humaine, au lieu que la liberté est un don de la nature. »
Mirabeau professait la même doctrine :

« La propriété, dit-il, est une *création sociale*. Les lois ne protègent pas, ne maintiennent pas seulement la propriété, *elles la font naître*, elles la déterminent, elles lui donnent le rang et l'étendue qu'elle occupe dans les droits des citoyens. »

Et quand Mirabeau s'exprimait ainsi, ce n'était pas pour faire de la théorie. Son but actuel était d'engager le législateur à limiter l'exercice d'un droit qui était bien à sa discrétion, puisqu'il l'avait créé.
Robespierre reproduit les définitions de Rousseau.

« En définissant la Liberté, ce premier besoin de l'homme, le plus sacré des droits qu'il *tient de la nature*, nous avons dit, avec raison, qu'elle a pour limite le droit d'autrui. Pourquoi n'avez-vous pas appliqué ce principe à la Propriété, *qui est une institution sociale*, comme si les lois de la nature étaient moins inviolables que les *conventions* des hommes ? »

Après ce préambule, Robespierre passe à la définition.

« La propriété est le droit qu'a chaque citoyen de jouir et de disposer des biens qui lui sont garantis *par la loi*. »

Ainsi voilà l'opposition bien marquée entre la Liberté et la Propriété. Ce sont deux droits d'origine différente. L'un vient *de la nature*, l'autre est d'*institution sociale*. Le premier est *naturel*, le second *conventionnel*.

Or, qui fait la loi ? Le législateur. Il peut donc mettre à l'exercice du droit de propriété, puisqu'il le confère, les conditions qu'il lui plaît.

Aussi Robespierre se hâte de déduire de sa définition le *droit au travail*, le *droit à l'assistance* et l'*impôt progressif*.

Frédéric Bastiat

« La société est obligée de pourvoir à la subsistance de tous ses membres, soit en leur procurant du travail, soit en assurant des moyens d'exister à ceux qui sont hors d'état de travailler.

Les secours nécessaires à l'indigence sont une dette du riche envers le pauvre. *Il appartient à la loi* de déterminer la manière dont cette dette doit être acquittée.

Les citoyens dont le revenu n'excède pas ce qui est nécessaire à leur subsistance sont dispensés de contribuer aux dépenses publiques. Les autres doivent les supporter *progressivement,*selon l'étendue de leur fortune. »

Robespierre, dit M. Sudre, adoptait ainsi toutes les mesures qui, dans l'esprit de leurs inventeurs, comme dans la réalité, constituent la transition de la propriété au communisme. Par l'application du *Traité des lois* de Platon, il s'acheminait, sans le savoir, vers la réalisation de l'état social décrit dans le livre de la *République*.

(On sait que Platon a fait deux livres : l'un pour signaler la perfection idéale — communauté des biens et des femmes — c'est le livre de la *République* ; l'autre pour enseigner les moyens de transition, c'est le *Traité des lois*.)

Robespierre peut être considéré, d'ailleurs, comme un enthousiaste de la *calme, paisible et pure* antiquité. Son discours même sur la Propriété abonde en déclamations du goût de celles-ci : « Aristide n'aurait pas envié les trésors de Crassus ! La chaumière de Fabricius n'a rien à envier au palais de Crassus ! » etc.

Une fois que Mirabeau et Robespierre attribuaient, en principe, au législateur la faculté de fixer la limite du droit de propriété, il importe peu de savoir à quel degré ils jugeaient opportun de placer cette limite. Il pouvait leur convenir de ne pas aller plus loin que le droit au travail, le droit à l'assistance et l'impôt progressif. Mais d'autres, plus conséquents, ne s'arrêtaient pas là. Si la loi, qui crée la propriété et en dispose, peut faire un pas vers l'égalité, pourquoi n'en ferait-elle pas deux ? Pourquoi ne réaliserait-elle pas l'égalité absolue ?

Aussi Robespierre fut dépassé par Saint-Just, cela devait être, et Saint-Just par Babeuf, cela devait être encore. Dans cette voie, il n'y a qu'un terme raisonnable. Il a été marqué par le divin Platon.

Saint-Just… mais je me laisse trop circonscrire dans la question de propriété. J'oublie que j'ai entrepris de montrer comment l'éducation classique a perverti toutes les notions morales. Convaincu que le lecteur voudra bien me croire sur parole, quand j'affirme que Saint-Just a dépassé Robespierre dans la voie du communisme, je reprends mon sujet.

Il faut d'abord savoir que les erreurs de Saint-Just se rattachaient aux études classiques. Comme tous les hommes de son temps et du nôtre, il était imprégné d'Antiquité. Il se croyait un Brutus. Retenu loin de Paris par son parti, il écrivait :

« Ô Dieu ! faut-il que Brutus languisse, oublié, loin de Rome ! Mon parti est pris, cependant, et si Brutus ne tue point les autres, il se tuera lui-même. »

Tuer ! il semble que ce soit ici-bas la destination de l'homme.

Tous les hellénistes et latinistes sont convenus que le principe d'une république, c'est la *vertu*, et Dieu sait ce qu'ils entendent par ce mot ! C'est pourquoi Saint-Just écrivait.

« Un gouvernement républicain a la Vertu pour principe, sinon la Terreur. »

C'est encore un opinion dominante dans l'antiquité que le travail est infâme. Aussi Saint-Just le condamnait en ces termes :

« Un métier s'accorde mal avec le véritable citoyen. La main de l'homme n'est faite que pour la terre et pour les armes. »

Et c'est pour que personne ne pût s'avilir à exercer un métier qu'il voulait distribuer des terres à tout le monde.

Nous avons vu que, selon les idées des anciens, le législateur est à l'humanité ce que le potier est à l'argile. Malheureusement, quand cette idée domine, nul ne veut être argile et chacun veut être potier. On pense bien que Saint-Just s'attribuait le beau rôle :

Frédéric Bastiat

« Le jour où je me serai convaincu qu'il est impossible *de donner* aux Français des mœurs douces, sensibles et inexorables pour la tyrannie et l'injustice, je me poignarderai.

S'il y avait des mœurs, tout irait bien ; il faut des institutions pour les épurer. Pour réformer les mœurs, il faut commencer par contenter le besoin et l'intérêt. Il faut donner quelques terres à tout le monde.

Les enfants sont vêtus de toile en toute saison. Ils couchent sur des nattes et dorment huit heures. Ils sont nourris en commun, et ne vivent que de racines, de fruits, de légumes, de pain et d'eau. Ils ne peuvent goûter de chair qu'après l'âge de seize ans.

Les hommes âgés de vingt-cinq ans seront tenus de déclarer tous les ans, dans le temple, les noms de leurs amis. Celui qui abandonne son ami sans raison suffisante sera banni ! »

Ainsi Saint-Just, à l'imitation de Lycurgue, Platon, Fénelon, Rousseau, s'attribue à lui-même sur les mœurs, les sentiments, les richesses et les enfants des Français, plus de droits et de puissance que n'en ont tous les Français ensemble. Que l'humanité est petite auprès de lui ! ou plutôt elle ne vit qu'en lui. Son cerveau est le cerveau, son cœur est le cœur de l'humanité.

Voilà donc la marche imprimée à la révolution par le conventionalisme greco-latin. Platon a marqué l'idéal. Prêtres et laïques, au dix-septième et au-dix-huitième siècle, se mettent à célébrer cette merveille. Vient l'heure de l'action : Mirabeau descend le premier degré, Robespierre le second, Saint-Just le troisième, Antonelle le quatrième, et Babeuf, plus logique que tous ses prédécesseurs, se dresse au dernier, au communisme absolu, au platonisme pur. Je devrais citer ici ses écrits ; je me bornerai à dire, car ceci est caractéristique, qu'il les signait *Caius Gracchus.*

L'esprit de la révolution, au point de vue qui nous occupe, se montre tout entier dans quelques citations. Que voulait Robespierre ? « *Élever les âmes à la hauteur des vertus républicaines des peuples antiques.* » (3 nivôse an III.) Que voulait Saint-Just ? « *Nous offrir le bonheur de Sparte et d'Athènes.* » (23 nivôse an III.) Il voulait en outre « *Que tous les citoyens portassent sous leur habit le couteau de Brutus.* » (Ibid.) Que voulait le sanguinaire Carrier ?

« *Que toute la jeunesse envisage désormais le brasier de Scœvola, la ciguë de Socrate, la mort de Cicéron et l'épée de Caton.* » Que voulait Rabaut Saint-Étienne ? « *Que, suivant les principes des Crétois et des Spartiates, l'État s'empare de l'homme dès le berceau et même avant la naissance.* » (16 décembre 1692). Que voulait la section des Quinze-Vingts ? « *Qu'on consacre une église à la liberté, et qu'on fasse élever un autel sur lequel brûlera un feu perpétuel entretenu par de jeunes vestales.* » (21 novembre 1794.) Que voulait la Convention tout entière ? « *Que nos communes ne renferment désormais que des Brutus et des Publicola.* » (19 mars 1794.)

Tous ces sectaires étaient de bonne foi cependant, et ils n'en étaient que plus dangereux ; car la sincérité dans l'erreur, c'est du fanatisme, et le fanatisme est une force, surtout quand il agit sur des masses préparées à subir son action. L'universel enthousiasme en faveur d'un type social ne peut être toujours stérile, et l'opinion publique, éclairée ou égarée, n'en est pas moins la reine du monde. Quand une de ces erreurs fondamentales, — telle que la Glorification de l'Antiquité, — pénétrant par l'enseignement dans tous les cerveaux avec les premières lueurs de l'intelligence, s'y fixe à l'état de *conventionalisme*, elle tend à passer des esprits aux actes. Qu'une révolution fasse alors sonner l'heure des expériences, et qui peut dire sous quel nom terrible apparaîtra celui qui, cent ans plus tôt, se fût appelé Fénélon ? Il eût déposé son idée dans un roman, il meurt pour elle sur l'échafaud ; il eût été poëte, il se fait martyr ; il eût amusé la société, il la bouleverse.

Cependant il y a dans la réalité une puissance supérieure au conventionalisme le plus universel. Quand l'éducation a déposé dans le corps social une semence funeste, il y a en lui une force de conservation, *vis medicatrix*, qui le fait se débarrasser à la longue, à travers les souffrances et les larmes, du germe délétère.

Lors donc que le communisme eut assez effrayé et compromis la société, une réaction devint infaillible. La France se prit à reculer vers le despotisme. Dans son ardeur, elle eût fait bon marché même des légitimes conquêtes de la Révolution. Elle eut le Consulat et l'Empire. Mais, hélas ! ai-je besoin de faire observer que l'infatuation romaine la suivit dans cette phase nouvelle ? L'Antiquité est là, toujours là pour justifier toutes les formes de la violence. Depuis Lycurgue jusqu'à César, que de modèles à choisir ! Donc,

— et j'emprunte ici le langage de M. Thiers, — « nous qui, après avoir été Athéniens avec Voltaire, avons un moment voulu être Spartiates sous la Convention, nous nous fîmes soldats de César sous Napoléon. » Peut-on méconnaître l'empreinte que notre engouement pour Rome a laissée sur cette époque ? Eh ! mon Dieu, cette enpreinte est partout. Elle est dans les édifices, dans les monuments, dans la littérature, dans les modes même de la France impériale : elle est dans les noms ridicules imposés à toutes nos institutions. Ce n'est pas par hasard, sans doute, que nous vîmes surgir de toute part des *Consuls*, un *Empereur*, des *Sénateurs*, des *Tribuns*, des *Préfets*, des *Sénatus-consultes*, des *Aigles*, des *Colonnes trajanes*, des *Légions*, des *Champs de Mars*, des *Prytanées*, des *Lycées*.

La lutte entre les principes révolutionnaires et contre-révolutionnaires semblait devoir se terminer aux journées de Juillet 1830. Depuis cette époque, les forces intellectuelles de ce pays se sont tournées vers l'étude des questions sociales, ce qui n'a rien en soi que de naturel et d'utile. Malheureusement, l'Université donne le premier branle à la marche de l'esprit humain, et le dirige encore vers les sources empoisonnées de l'Antiquité ; de telle sorte que notre malheureuse patrie en est réduite à recommencer son passé et à traverser les mêmes épreuves. Il semble qu'elle soit condamnée à tourner dans ce cercle : Utopie, expérimentation, réaction. — Platonisme littéraire, communisme révolutionnaire, despotisme militaire. — Fénelon, Robespierre, Napoléon ! — Peut-il en être autrement ? La jeunesse, où se recrutent la littérature et le journalisme, au lieu de chercher à découvrir et à exposer les lois naturelles de la société, se borne à reprendre en sous-œuvre cet axiome grœco-romain : *L'ordre social est une création du Législateur.* Point de départ déplorable qui ouvre une carrière sans limites à l'imagination, et n'est que l'enfantement perpétuel du *Socialisme.* — Car, si la société est une invention, qui ne veut être l'inventeur ? qui ne veut être ou Minos, ou Lycurgue, ou Platon, ou Numa, ou Fénelon, ou Robespierre, ou Babeuf, ou Saint-Simon, ou Fourier, ou Louis Blanc, ou Proudhon ? Qui ne trouve glorieux *d'instituer un Peuple ?* Qui ne se complaît dans le titre de *Père des nations ?* Qui n'aspire à combiner, comme des éléments chimiques, la Famille et la Propriété ?

Mais, pour donner carrière à sa fantaisie ailleurs que dans les colonnes d'un journal, il faut tenir le pouvoir, il faut occuper le point central où aboutissent tous les fils de la puissance publique. C'est le préalable obligé de toute expérimentation. Chaque secte, chaque école fera donc tous ses efforts pour chasser du gouvernement l'école ou la secte dominante, en sorte que, sous l'influence de l'enseignement classique, la vie sociale ne peut être qu'une interminable série de luttes et de révolutions, ayant pour objet la question de savoir à quel utopiste restera la faculté de faire sur le peuple, comme sur une vile matière, des expériences !

Oui, j'accuse le Baccalauréat de préparer, comme à plaisir, toute la jeunesse française aux utopies socialistes, aux expérimentations sociales. Et c'est là sans doute la raison d'un phénomène fort étrange, je veux parier de l'impuissance que manifestent à réfuter le socialisme ceux-là mêmes qui s'en croient menacés. Hommes de la bourgeoisie, propriétaires, capitalistes, les systèmes de Saint-Simon, de Fourier, de Louis Blanc, de Leroux, de Proudhon ne sont, après tout, que des doctrines. Elles sont fausses, dites-vous. Pourquoi ne les réfutez-vous pas ? Parce que vous avez bu à la même coupe : parce que la fréquentation des anciens, parce que votre engouement de convention pour tout ce qui est Grec ou Romain vous ont inoculé le socialisme.

Vous en êtes un peu dans votre âme entiché.

Votre nivellement des fortunes par l'action des tarifs, votre loi d'assistance, vos appels à l'instruction gratuite, vos primes d'encouragement, votre centralisation, votre foi dans l'État, votre littérature, votre théâtre, tout atteste que vous êtes socialistes. Vous différez des apôtres par le degré, mais vous êtes sur la même pente. Voilà pourquoi, quand vous vous sentez distancés, au lieu de réfuter, — ce que vous ne savez pas faire, et ce que vous ne pourriez faire sans vous condamner vous-mêmes, — vous vous tordez les bras, vous vous arrachez les cheveux, vous en appelez à la compression, et vous dites piteusement : *La France s'en va !*

Non, la France ne s'en va pas. Car voici ce qui arrive : pendant que vous vous livrez à vos stériles lamentations, les socialistes se réfutent eux-mêmes. Ses docteurs sont en guerre ouverte. Le phalanstère y est resté ; la triade y est restée, l'atelier national y est resté ; votre nivellement des conditions par la Loi y restera. Qu'y a-t-il encore debout ? Le *crédit gratuit*. Que n'en démontrez-vous l'absurdité ? Hélas ! c'est vous qui l'avez inventé. Vous l'avez prêché pendant mille ans. Quand vous n'avez pu étouffer l'Intérêt, vous l'avez réglementé. Vous l'avez soumis au *maximum*, donnant ainsi à penser que la *propriété est une création de la Loi*, ce qui est justement l'idée de Platon, de Lycurgue, de Fénelon, de Rollin, de Robespierre ; ce qui est, je ne crains pas de l'affirmer, l'essence et la quintessence non-seulement du socialisme, mais du communisme. Ne me vantez donc pas un enseignement qui ne vous a rien enseigné de ce que vous devriez savoir, et qui vous laisse consternés et muets devant la première chimère qu'il plaît à un fou d'imaginer. Vous n'êtes pas en mesure d'opposer la vérité à l'erreur ; laissez au moins les erreurs se détruire les unes par les autres. Gardez-vous de bâillonner les utopistes, et d'élever ainsi leur propagande sur le piédestal de la persécution. L'esprit des masses laborieuses, sinon des classes moyennes, s'est attaché aux grandes questions sociales. Il les résoudra. Il arrivera à trouver pour ces mots : Famille, Propriété, Liberté, Justice, Société, d'autres définitions que celles que nous fournit votre enseignement. Il vaincra non-seulement le socialisme qui se proclame tel, mais encore le socialisme qui s'ignore. Il tuera votre universelle intervention de l'État, votre centralisation, votre unité factice, votre système protecteur, votre philanthropie officielle, vos lois sur l'usure, votre diplomatie barbare, votre enseignement monopolisé.

Et c'est pourquoi je dis : Non, la France ne s'en va pas. Elle sortira de la lutte, plus heureuse, plus éclairée, mieux ordonnée, plus grande, plus libre, plus morale, plus religieuse que vous ne l'avez faite.

Après tout, veuillez bien remarquer ceci : quand je m'élève contre les études classiques, je ne demande pas qu'elles soient *interdites* ; je demande seulement qu'elles ne soient pas *imposées*. Je n'interpelle pas l'État pour lui dire : Soumettez tout le monde à mon opinion, mais bien : Ne me courbez pas sous l'opinion d'autrui. La différence est grande, et qu'il n'y ait pas de méprise à cet égard.

M. Thiers, M. de Riancey, M. de Montalembert, M. Barthélemy Saint-Hilaire, pensent que l'atmosphère romaine est excellente pour former le cœur et l'esprit de la jeunesse, soit. Qu'ils y plongent leurs enfants ; je les laisse libres. Mais qu'ils me laissent libre aussi d'en éloigner les miens comme d'un air pestiféré. Messieurs les réglementaires, ce qui vous paraît sublime me semble odieux, ce qui satisfait votre conscience alarme la mienne. Eh bien ! suivez vos inspirations, mais laissez-moi suivre la mienne. Je ne vous force pas, pourquoi me forceriez-vous ?

Vous êtes très-convaincus qu'au point de vue social et moral le beau idéal est dans le passé. Moi, je le vois dans l'avenir. « Osons le dire à un siècle orgueilleux de lui-même, disait M. Thiers, l'antiquité *est ce qu'il y a de plus beau au monde.* » Pour moi, j'ai le bonheur de ne pas partager cette opinion désolante. Je dis désolante, car elle implique que, par une loi fatale, l'humanité va se détériorant sans cesse. Vous placez la perfection à l'origine des temps, je la mets à la fin. Vous croyez la société rétrograde, je la crois progressive. Vous croyez que nos opinions, nos idées, nos mœurs doivent, autant que possible, être jetées dans le moule antique ; j'ai beau étudier l'ordre social de Sparte et de Rome, je n'y vois que violences, injustices, impostures, guerres perpétuelles, esclavage, turpitudes, fausse politique, fausse morale, fausse religion. Ce que vous admirez, je l'abhorre. Mais enfin, gardez votre jugement et laissez-moi le mien. Nous ne sommes pas ici des avocats plaidant l'un pour l'enseignement classique, l'autre contre, devant une assemblée chargée de décider en violentant ma conscience ou la vôtre. Je ne demande à l'État que sa neutralité. Je demande la liberté pour vous comme pour moi. J'ai du moins sur vous l'avantage de l'impartialité, de la modération et de la modestie.

Trois sources d'enseignement vont s'ouvrir : celui de l'État, celui du Clergé, celui des Instituteurs prétendus libres.

Ce que je demande, c'est que ceux-ci soient libres, en effet, de tenter, dans la carrière, des voies nouvelles et fécondes. Que l'Université enseigne ce qu'elle chérit, le grec et le latin ; que le Clergé enseigne ce qu'il sait, le grec et le latin. Que l'une et l'autre fassent des platoniciens et des tribuns ; mais qu'ils ne nous empêchent pas de former, par d'autres procédés, des hommes pour notre pays et pour notre siècle.

Car, si cette liberté nous est interdite, quelle amère dérision n'est-ce pas que de venir nous dire à chaque instant : Vous êtes *libres !*

Dans la séance du 23 février, M. Thiers est venu dire pour la quatrième fois :

« Je répéterai éternellement ce que j'ai dit : La liberté que donne la loi que nous avons rédigée, c'est la liberté selon la Constitution.

Je vous mets au défi de prouver autre chose. Prouvez-moi que ce n'est pas la liberté ; pour moi, je soutiens qu'il n'y en a pas d'autre possible.

Autrefois, on ne pouvait pas enseigner sans la permission du gouvernement. Nous avons supprimé l'autorisation préalable ; tout le monde pourra enseigner.

Autrefois on disait : Enseignez telles choses ; n'enseignez pas telles autres. Aujourd'hui nous disons : Enseignez tout ce que vous voudrez enseigner. »

C'est une chose douloureuse de s'entendre adresser un tel défi et d'être condamné au silence. Si la faiblesse de ma voix ne m'eût interdit la tribune, j'aurais répondu à M. Thiers.

Voyons donc à quoi se réduit, au point de vue de l'instituteur, du père de famille et de la société, cette Liberté que vous dites si entière.

En vertu de votre loi, je fonde un collége. Avec le prix de la pension, il me faut acheter ou louer le local, pourvoir à l'alimentation des élèves et payer les professeurs. Mais à côté de mon Collége, il y a un Lycée. Il n'a pas à s'occuper du local et des professeurs. Les contribuables, *moi compris*, en font les frais. Il peut donc baisser le prix de la pension de manière à rendre mon entreprise impossible. Est-ce là de la liberté ? Une ressource me reste cependant ; c'est de donner une instruction si supérieure à la vôtre, tellement recherchée du public, qu'il s'adresse à moi malgré la cherté relative à laquelle vous m'avez réduit. Mais ici, je vous rencontre, et vous me dites : Enseignez ce que vous voudrez, mais, si vous vous écartez de ma routine, toutes les carrières libérales seront fermées à vos élèves. Est-ce là de la liberté ?

Maintenant je me suppose père de famille ; je mets mes fils dans

Baccalauréat et socialisme

une institution libre : quelle est la position qui m'est faite ? Comme père, je paye l'éducation de mes enfants, sans que nul me vienne en aide ; comme contribuable et comme catholique, je paye l'éducation des enfants des autres, car je ne puis refuser l'impôt qui soudoie les Lycées, ni guère me dispenser, en temps de carême, de jeter dans le bonnet du frère quêteur l'obole qui doit soutenir les Séminaires. En ceci, du moins, je suis libre. Mais le suis-je quant à l'impôt ? Non, non, dites que vous faites de la *Solidarité*, au sens socialiste, mais n'ayez pas la prétention de faire de la Liberté.

Et ce n'est là que le très-petit côté de la question. Voici qui est plus grave. Je donne la préférence à l'enseignement libre, parce que votre enseignement officiel (auquel vous me forcez à concourir, sans en profiter) me semble communiste et païen ; ma conscience répugne à ce que mes fils s'imprègnent des idées spartiates et romaines qui, à mes yeux du moins, ne sont que la violence et le brigandage glorifiés. En conséquence, je me soumets à payer la pension pour mes fils, et l'impôt pour les fils des autres. Mais qu'est-ce que je trouve ? Je trouve que votre enseignement mythologique et guerrier a été indirectement imposé au collège libre, par l'ingénieux mécanisme de vos grades, et que je dois courber ma conscience à vos vues sous peine de faire de mes enfants des parias de la société. — Vous m'avez dit quatre fois que j'étais libre. Vous me le diriez cent fois, que cent fois je vous répondrais : Je ne le suis pas.

Soyez inconséquents, puisque vous ne pouvez l'éviter, et je vous concède que dans l'état actuel de l'opinion publique vous ne pouviez fermer les collèges officiels. Mais posez une limite à votre inconséquence. Ne vous plaignez-vous pas tous les jours de l'esprit de la jeunesse ? de ses tendances socialistes ? de son éloignement pour les idées religieuses ? de sa passion pour les expéditions guerrières, passion telle, que, dans nos assemblées délibérantes, il est à peine permis de prononcer le mot de *paix*, et il faut prendre les précautions oratoires les plus ingénieuses pour parler de justice quand il s'agit de l'étranger ? Des dispositions si déplorables ont une cause sans doute. À la rigueur ne serait-il pas possible que votre enseignement mythologique, platonicien, belliqueux et factieux y fût pour quelque chose ? Je ne vous dis pas de le changer cependant, ce serait trop exiger de vous. Mais je vous dis : Puisque vous laissez naître à côté de vos Lycées, et dans des conditions déjà bien difficiles, des écoles dites *libres*, permettez-leur d'essayer, à leurs périls et risques, les voies chrétiennes et scientifiques. L'expérience vaut la peine d'être faite. Qui sait ? Peut-être, sera-t-elle un progrès. Et vous voulez l'étouffer dans son germe !

Enfin, examinons la question au point de vue de la Société, et remarquons d'abord qu'il serait étrange que la société fût libre, en matière d'enseignement, si les instituteurs et les pères de famille ne le sont pas.

La première phrase du rapport de M. Thiers sur l'instruction secondaire, en 1844, proclamait cette terrible vérité :

« L'éducation publique est l'intérêt peut-être le plus grand d'une nation civilisée, et, par ce motif, *le plus grand objet de l'ambition des partis.* »

Il semble que la conclusion à tirer de là, c'est qu'une nation qui ne veut pas être la proie des partis doit se hâter de supprimer l'éducation *publique*, c'est-à-dire *par l'État*, et de proclamer la liberté de l'enseignement. S'il y a une éducation confiée au pouvoir, les partis auront un motif de plus pour chercher à s'emparer du pouvoir, puisque, du même coup, ce sera s'emparer de l'enseignement, *le plus grand objet de leur ambition.* La soif de gouverner n'inspire-t-elle pas déjà assez de convoitise ? ne provoque-t-elle pas assez de luttes, de révolutions et de désordres ? et est-il sage de l'irriter encore par l'appât d'une si haute influence ?

Et pourquoi les partis ambitionnent-ils la direction des études ? Parce qu'ils connaissent ce mot de Leibnitz : « Faites-moi maître de l'enseignement, et je me charge de changer la face du monde. » L'enseignement par le pouvoir, c'est donc l'enseignement par un parti, par une secte momentanément triomphante ; c'est l'enseignement au profit d'une idée, d'un système exclusif. « Nous avons fait la république, disait Robespierre, il nous reste à faire des républicains » ; tentative qui a été renouvelée en 1848. Bonaparte ne voulait faire que des soldats, Frayssinous que des dévots, Villemain que des rhéteurs. M. Guizot ne ferait que doctrinaires, Enfantin que des saint-simoniens, et tel qui s'indigne de voir l'humanité ainsi dégradée, s'il était jamais en position de dire *l'État c'est moi*,

Baccalauréat et socialisme

44

serait peut-être tenté de ne faire que des économistes. Eh quoi ! ne verra-t-on jamais le danger de fournir aux partis, à mesure qu'ils s'arrachent le pouvoir, l'occasion d'imposer universellement et uniformément leurs opinions, que dis-je ? leurs erreurs *par la force ?* Car c'est bien employer la force que d'interdire législative-ment toute autre idée que celle dont on est soi-même infatué.

Une telle prétention est essentiellement monarchiste, encore que nul ne l'affiche plus résolument que le parti républicain ; car elle re-pose sur cette donnée que les gouvernés sont faits pour les gouver-nants, que la société appartient au pouvoir, qu'il doit la façonner à son image ; tandis que, selon notre droit public, assez chèrement conquis, le pouvoir n'est qu'une émanation de la société, une des manifestations de sa pensée.

Je ne puis concevoir, quant à moi, surtout dans la bouche des ré-publicains, un cercle vicieux plus absurde que celui-ci : D'année en année, par le mécanisme du suffrage universel, la pensée nationale s'incarnera dans les magistrats, et puis ces magistrats façonneront à leur gré la pensée nationale.

Cette doctrine implique ces deux assertions : Pensée nationale fausse, pensée gouvernementale infaillible.

Et s'il en est ainsi, républicains, rétablissez donc tout à la fois Autocratie, Enseignement par l'État, Légitimité, Droit divin, Pouvoir absolu, irresponsable et infaillible, toutes institutions qui ont un principe commun et émanent de la même source.

S'il y a, dans le monde, un homme (ou une secte) infaillible, re-mettons-lui non-seulement l'éducation, mais tous les pouvoirs, et que ça finisse. Sinon, éclairons-nous le mieux que nous pourrons, mais n'abdiquons pas.

Maintenant, je répète ma question : Au point de vue social, la loi que nous discutons réalise-t-elle la liberté ?

Autrefois il y avait une Université. Pour enseigner, il fallait sa per-mission. Elle imposait ses idées et ses méthodes, et force était d'en passer par là. Elle était donc, selon la pensée de Leibnitz, maîtresse des générations, et c'est pour cela sans doute que son chef prenait le titre significatif de *grand maître*.

Maintenant tout cela est renversé. Il ne restera-à l'Université que deux attributions : 1° le droit de dire ce qu'il faudra savoir pour

Frédéric Bastiat

obtenir les grades : 2° le droit de fermer d'innombrables carrières à ceux qui ne se seront pas soumis.

Ce n'est presque rien, dit-on. Et moi je dis : Ce rien est tout.

Ceci m'entraîne à dire quelque chose d'un mot qui a été souvent prononcé dans ce débat : c'est le mot UNITÉ ; car beaucoup de personnes voient dans le Baccalauréat le moyen d'imprimer à toutes les intelligences une direction, sinon raisonnable et utile, du moins uniforme, et bonne en cela.

Les admirateurs de l'Unité sont fort nombreux, et cela se conçoit. Par décret providentiel, nous avons tous foi dans notre propre jugement, et nous croyons qu'il n'y a au monde qu'une opinion juste, à savoir : la nôtre. Aussi nous pensons que le législateur ne pourrait mieux faire que de l'imposer à tous, et, pour plus de sûreté, nous voulons tous être ce législateur. Mais les législateurs se succèdent, et qu'arrive-t-il ? C'est qu'à chaque changement, une Unité en remplace une autre. L'enseignement par l'État fait donc prévaloir l'uniformité en considérant isolément chaque période ; mais, si l'on compare les périodes successives, par exemple, la Convention, le Directoire, l'Empire, la Restauration, la Monarchie de Juillet, la République, on retrouve la diversité et, qui pis est, la plus subversive de toutes les diversités, celle qui produit, dans le domaine intellectuel, comme sur un théâtre, des changements à vue, selon le caprice des machinistes. Laisserons-nous toujours descendre l'intelligence nationale, la conscience publique à ce degré d'abaissement et d'indignité ?

Il y a deux sortes d'Unités. L'une est un point de départ. Elle est imposée par la force, par ceux qui détiennent momentanément la force. L'autre est un résultat, la grande consommation de la perfectibilité humaine. Elle résulte de la naturelle gravitation des intelligences vers la vérité.

La première Unité a pour principe le mépris de l'espèce humaine, et pour instrument le despotisme. Robespierre était Unitaire quand il disait : « J'ai fait la république ; je vais me mettre à faire des républicains. » Napoléon était Unitaire quand il disait : « J'aime la guerre, et je ferai de tous les Français des guerriers. » Frayssinous était Unitaire quand il disait : « J'ai une foi, et par l'éducation je plierai à cette foi toutes les consciences. » Procuste était Unitaire

quand il disait : « Voilà un lit : je raccourcirai ou j'allongerai quiconque en dépassera ou n'en atteindra pas les dimensions. » Le
Baccalauréat est Unitaire quand il dit : « La vie sociale sera interdite à quiconque ne subit pas mon programme. » Et qu'on n'allègue pas que le conseil supérieur pourra tous les ans changer ce
programme ; car, certes, on ne pourrait imaginer une circonstance
plus aggravante. Quoi donc ! la nation tout entière serait assimilée
à l'argile que le potier brise quand il n'est pas satisfait de la forme
qu'il lui a donnée ?

Dans son rapport de 1844, M. Thiers se montrait admirateur
très-ardent de cette nature d'Unité, tout en regrettant qu'elle fût
peu conforme au génie des nations modernes.

« Le pays où ne règne pas la liberté d'enseignement, disait-il, serait celui où l'État, animé d'une volonté absolue, voulant jeter la
jeunesse dans le même moule, la frapper, comme une monnaie, à
son effigie, ne souffrirait aucune diversité dans le régime d'éducation, et, pendant plusieurs années, ferait vivre tous les enfants sous
le même habit, les nourrirait des mêmes aliments, les appliquerait
aux mêmes études, les soumettrait aux mêmes exercices, les plie-
rait, etc...

Gardons nous, ajoutait-il, de calomnier cette prétention de
l'État d'imposer l'unité de caractère à la nation, et de la regarder
comme une inspiration de la tyrannie. On pourrait presque dire,
au contraire, que cette volonté forte de l'État d'amener tous les citoyens à un type commun, s'est proportionnée au patriotisme de
chaque pays. C'est dans les républiques anciennes, où la patrie était
le plus adorée, le mieux servie, qu'elle montrait des exigences les
plus grandes à l'égard des mœurs et de l'esprit des citoyens... Et
nous qui, dans le siècle écoulé, avons présenté toutes les faces de la
société humaine, nous qui, après avoir été Athéniens avec Voltaire,
avons un moment voulu être Spartiates sous la Convention, soldats de César sous Napoléon, si nous avons un moment songé à
imposer d'une manière absolue le joug de l'État sur l'éducation,
c'est sous la Convention nationale, au moment de la plus grande
exaltation patriotique. »

Rendons justice à M. Thiers. Il ne proposait pas de suivre de tels exemples. « Il ne faut, disait-il, ni les imiter ni les flétrir. C'était du délire, mais le délire du patriotisme. »

Il n'en reste pas moins que M. Thiers se montre encore ici fidèle à ce jugement par lui prononcé : « L'Antiquité est ce qu'il y a de plus beau au monde. » Il montre une prédilection secrète pour le despotisme absolu de l'État, une admiration instinctive pour les institutions de Crète et de Lacédémone qui donnaient au législateur le pouvoir de jeter toute la jeunesse dans le moule, de la frapper, comme une monnaie, à son effigie, etc., etc.

Et je ne puis m'empêcher de signaler ici, car cela rentre bien dans mon sujet, les traces de ce *conventionalisme* classique qui nous fait admirer dans l'antiquité, comme des vertus, ce qui était le résultat de la plus dure et de la plus immorale des nécessités. Ces anciens qu'on exalte, je ne saurais trop le répéter, vivaient de brigandage, et, pour rien au monde, n'auraient touché un outil. Ils avaient pour ennemi le genre humain tout entier. Ils s'étaient condamnés à une guerre perpétuelle et placés dans l'alternative de toujours vaincre ou de périr. Dès lors il n'y avait et ne pouvait y avoir pour eux qu'un métier, celui de soldat. La communauté devait s'attacher à développer uniformément chez tous les citoyens les qualités militaires, et les citoyens se soumettaient à cette *unité* qui était la garantie de leur existence[7].

Mais qu'y a-t-il de commun entre ces temps de barbarie et les temps modernes ?

Aujourd'hui, dans quel objet précis et bien déterminé frapperait-on tous les citoyens, comme une monnaie, à la même effigie ? Est-ce parce qu'ils se destinent tous à des carrières diverses ? Sur quoi se fonderait-on pour les jeter dans le même moule ?... *et qui tiendra le moule ?* Question terrible, qui devrait nous faire réfléchir. *Qui tiendra le moule ?* S'il y a un moule (et le Baccalauréat en est un), chacun en voudra tenir le manche, M. Thiers, M. Parisis, M. Barthélemy Saint-Hilaire, moi, les rouges, les blancs, les bleus, les noirs. Il faudra donc se battre pour vider cette question préalable, qui renaîtra sans cesse. N'est-il pas plus simple de briser ce moule fatal, et de proclamer loyalement la Liberté ?

D'autant que la Liberté, c'est le terrain où germe la véritable Unité et l'atmosphère qui la féconde. La concurrence a pour effet de provoquer, révéler et universaliser les bonnes méthodes, et de faire sombrer les mauvaises. Il faut bien admettre que l'esprit humain a une plus naturelle proportion avec la vérité qu'avec l'erreur, avec ce qui est bien qu'avec ce qui est mal, avec ce qui est utile qu'avec ce qui est funeste. S'il n'en était pas ainsi, si la chute était naturellement réservée au Vrai, et le triomphe au Faux, tous nos efforts seraient vains ; l'humanité serait fatalement poussée, comme le croyait Rousseau, vers une dégradation inévitable et progressive. Il faudrait dire, avec M. Thiers : *L'antiquité est ce qu'il y a de plus beau au monde*, ce qui n'est pas seulement une erreur, mais un blasphème. — Les intérêts des hommes, bien compris, sont harmoniques, et la lumière qui les leur fait comprendre brille d'un éclat toujours plus vif. Donc les efforts individuels et collectifs, l'expérience, les tâtonnements, les déceptions même, la concurrence, en un mot, la Liberté — font graviter les hommes vers cette Unité, qui est l'expression des lois de leur nature, et la réalisation du bien général.

Comment est-il arrivé que le parti *libéral* soit tombé dans cette étrange contradiction de méconnaître la liberté, la dignité, la perfectibilité de l'homme, et de leur préférer une Unité factice, stationnaire, dégradante, imposée tour à tour par tous les despotismes au profit des systèmes les plus divers ?

Il y a à cela plusieurs raisons : c'est d'abord qu'il a reçu, lui aussi, l'empreinte romaine de l'éducation classique. N'a-t-il pas pour meneurs des Bacheliers ? Ensuite, à travers les péripéties parlementaires, il espère bien voir tomber en ses mains cet instrument précieux, ce *moule* intellectuel, objet, selon M. Thiers, de toutes les ambitions. Enfin les nécessités de la défense contre l'injuste agression de l'Europe, en 92, n'ont pas peu contribué à populariser en France l'idée d'une puissante Unité.

Mais de tous les mobiles qui déterminent le libéralisme à sacrifier la liberté, le plus puissant est la crainte que lui inspirent, en matière d'éducation, les envahissements du clergé.

Cette crainte je ne la partage pas, mais je la comprends.

Considérez, dit le libéralisme, la situation du clergé en France, sa savante hiérarchie, sa forte discipline, sa milice de quarante mille membres, tous célibataires et occupant le premier poste dans chaque commune du pays, l'influence qu'il doit à la nature de ses fonctions, celle qu'il tire de la parole qu'il fait retentir sans contradiction et avec autorité en chaire, ou qu'il murmure au confessionnal, les liens qui l'attachent à l'État par le budget des cultes, ceux qui l'assujettissent à un chef spirituel qui est en même temps roi étranger, le concours que lui prête une compagnie ardente et dévouée, les ressources qu'il trouve dans les aumônes dont il est le distributeur ; considérez qu'il regarde comme son premier devoir de s'emparer de l'éducation, et dites si, dans ces conditions, la liberté de l'enseignement n'est pas un leurre.

Il faudrait un volume pour traiter cette vaste question et toutes celles qui s'y rattachent. Je me bornerai à une considération, et je dis :

Sous un régime libre, *ce n'est pas le Clergé qui fera la conquête de l'Enseignement, mais l'Enseignement qui fera la conquête du Clergé. Ce n'est pas le Clergé qui frappera le Siècle à son effigie, mais le Siècle qui fera le Clergé à son image.*

Peut-on douter que l'enseignement, dégagé des entraves universitaires, soustrait, par la suppression des grades, au conventionalisme classique, ne s'élançât, sous l'aiguillon de la rivalité, dans des voies nouvelles et fécondes ? Les institutions libres, qui surgiront laborieusement entre les lycées et les séminaires, sentiront la nécessité de donner à l'intelligence humaine sa véritable nourriture, à savoir : la science de ce que les choses sont et non la science de ce qu'on en disait il y a deux mille ans. « L'antiquité des temps est l'enfance du monde, dit Bacon, et, à proprement parler, c'est notre temps qui est l'antiquité, le monde ayant acquis du savoir et de l'expérience en vieillissant. » L'étude des œuvres de Dieu et de la nature dans l'ordre moral et dans l'ordre matériel, voilà la véritable instruction, voilà celle qui dominera dans les institutions libres. Les jeunes gens qui l'auront reçue se montreront supérieurs par la force de l'intelligence, la sûreté du jugement, l'aptitude à la pratique de la vie, aux *affreux petits rhéteurs* que l'université et le clergé auront saturés de doctrines aussi fausses que surannées. Pendant que les uns seront préparés aux fonctions sociales de notre époque, les autres seront réduits d'abord à oublier, s'ils peuvent, ce qu'ils auront appris, ensuite à apprendre ce qu'ils devraient savoir. En présence de ces résultats, la tendance des pères de famille sera de préférer les écoles libres, pleines de séve et de vie, à ces autres écoles succombant sous l'esclavage de la routine.

Qu'arrivera-t-il alors ? Le clergé, toujours ambitieux de conserver son influence, n'aura d'autre ressource que de substituer, lui aussi, l'enseignement des choses à l'enseignement des mots, l'étude des vérités positives à celle des doctrines de convention, et la substance à l'apparence.

Mais, pour enseigner, il faut savoir, et, pour savoir, il faut apprendre. Le clergé sera donc forcé de changer la direction de ses propres études, et la rénovation s'introduira jusque dans les séminaires. Or, pense-t-on qu'une autre nourriture ne fasse pas d'autres tempéraments ? Car, prenons-y garde, il ne s'agit pas ici seulement de changer la matière, mais la méthode de l'enseignement clérical. La connaissance des œuvres de Dieu et de la nature s'acquiert par d'autres procédés intellectuels que celle des théogonies. Observer les faits et leur enchaînement est une chose ; admettre sans examen un texte *tabou* et en tirer les conséquences en est une autre. Quand la science remplace l'intuition, l'examen se substitue à l'autorité, la méthode philosophique à la méthode dogmatique ; un autre but exige un autre procédé, et d'autres procédés donnent à l'esprit d'autres habitudes.

Il n'est donc pas douteux que l'introduction de la science dans les séminaires, résultat infaillible de la liberté d'enseignement, ne doive avoir pour effet de modifier, au sein de ces institutions, jusqu'aux habitudes intellectuelles. Et c'est là, j'en ai la conviction, l'aurore d'une grande et désirable révolution, celle qui réalisera l'Unité religieuse.

Je disais tout à l'heure que le *conventionalisme* classique faisait de nous tous des contradictions vivantes, Français par nécessité et Romains par l'éducation. Ne pourrait-on pas dire aussi qu'au point de vue religieux nous sommes des contradictions vivantes ?

Nous sentons tous dans le cœur une puissance irrésistible qui nous pousse vers la religion, et en même temps nous sentons dans notre intelligence une force non moins irrésistible qui nous en éloigne, et d'autant plus, c'est un point de fait, que l'intelligence est plus cultivée, en sorte qu'un grand docteur a pu dire : *Litterati minus credunt.*

Oh ! c'est un triste spectacle ! Depuis quelque temps surtout, nous entendons pousser de profonds gémissements sur l'affaiblissement des croyances religieuses, et, chose étrange, ceux-là mêmes qui ont laissé s'éteindre dans leur âme jusqu'à la dernière étincelle de la foi sont le plus disposés à trouver le doute impertinent… chez les autres. « Soumets ta raison, disent-ils au peuple, sans quoi tout est perdu. C'est bon à moi de m'en rapporter à la mienne, car elle est d'une trempe particulière, et, pour observer le Décalogue, je n'ai pas besoin de le croire révélé. Même quand je m'en écarterais quelque peu, le mal n'est pas grand ; mais toi, c'est différent, tu ne peux l'enfreindre sans mettre en péril la société… et mon repos. »

C'est ainsi que la peur cherche un refuge dans l'hypocrisie. On ne croit pas, mais on fait semblant de croire. Pendant que le scepticisme est au fond, une religiosité de calcul se montre à la surface, et voici qu'un *conventionalisme* nouveau, et de la pire espèce, déshonore l'esprit humain.

Et cependant tout n'est pas hypocrisie dans ce langage. Encore qu'on ne croie pas tout, encore qu'on ne pratique rien, il y a au fond des cœurs, comme dit Lamennais, une racine de foi qui ne sèche jamais.

D'où vient cette bizarre et dangereuse situation ? ne serait-ce pas qu'aux vérités religieuses, primordiales et fondamentales, auxquelles toutes les sectes et toutes les écoles adhèrent d'un consentement commun, se sont agrégés, avec le temps, des institutions, des pratiques, des rites, que l'intelligence, malgré qu'on en ait, ne peut admettre ? Et ces additions humaines ont-elles aucun autre support, dans l'esprit même du clergé, que le dogmatisme par lequel il les rattache aux vérités primordiales non contestées ?

L'Unité religieuse se fera, mais elle ne se fera que lorsque chaque secte aura abandonné ces institutions parasites auxquelles je fais allusion. Qu'on se rappelle que Bossuet en faisait bon marché quand il discutait avec Leibnitz sur les moyens de ramener à l'Unité toutes les confessions chrétiennes. Ce qui paraissait possible et bon au grand docteur du dix-septième siècle, serait-il regardé comme trop audacieux par les docteurs du dix-neuvième ? Quoi qu'il en soit, la liberté de l'enseignement, en faisant pénétrer d'autres habitudes intellectuelles dans le clergé, sera sans doute un des plus puissants instruments de la grande rénovation religieuse qui seule peut désormais satisfaire les consciences et sauver la société[8].

Les sociétés ont un tel besoin de morale, que le corps qui s'en fait, au nom de Dieu, le gardien et le distributeur, acquiert sur elles une influence sans bornes. Or, il est d'expérience que rien ne pervertit plus les hommes que l'influence illimitée. Il arrive donc un temps où, loin que le sacerdoce persiste à n'être que l'instrument de la religion, c'est la religion qui devient l'instrument du sacerdoce. Dès ce moment un antagonisme fatal s'introduit dans le monde. La Foi et l'Intelligence, chacune de leur côté, tirent tout à elles. Le prêtre ne cesse d'ajouter, à des vérités sacrées, des erreurs qu'il proclame non moins sacrées, offrant ainsi à l'opposition du laïque des motifs de plus en plus solides, des arguments de plus en plus sérieux. L'un cherche à faire passer le faux avec le vrai. L'autre ébranle le vrai avec le faux. La religion devient superstition, et la philosophie incrédulité. Entre ces deux extrêmes, la masse flotte dans le doute, et on peut dire que l'humanité traverse une époque critique. Cependant l'abîme se creuse toujours plus profond, et la lutte se poursuit non-seulement d'homme à homme, mais encore dans la conscience de chaque homme, avec des chances diverses. Une commotion politique vient-elle épouvanter la société, elle se jette, par peur, du côté de la foi ; une sorte de religiosité hypocrite prend le dessus, et le prêtre se croit vainqueur. Mais le calme n'a pas plutôt reparu, le prêtre n'a pas plutôt essayé de mettre à profit la victoire, que l'intelligence reprend ses droits et recommence son œuvre. Quand donc cessera cette anarchie ? quand est-ce que se scellera l'alliance entre l'intelligence et la foi ? — Quand la foi ne sera plus une arme ; quand le sacerdoce, redevenu ce qu'il doit être, l'instrument de la religion, abandonnera les formes qui l'intéressent, pour le fond qui intéresse l'humanité. Alors ce ne sera pas assez de dire que la religion et la philosophie sont sœurs, il faudra dire qu'elles se confondent dans l'Unité.

Mais je descends de ces régions élevées, et, revenant aux grades universitaires, je me demande si le clergé éprouvera une grande répugnance à abandonner les voies routinières de l'enseignement classique, ce à quoi, d'ailleurs, il ne sera nullement obligé.

Il serait plaisant que le communisme platonicien, le paganisme, les idées et les mœurs façonnées par l'esclavage et le brigandage, les odes d'Horace, les métamorphoses d'Ovide, trouvassent leurs derniers défenseurs et professeurs dans les prêtres de France ! Il ne m'appartient pas de leur donner des avis. Mais ils me permettront bien de citer ici l'extrait d'un journal qui, si je ne me trompe, est rédigé par des ecclésiastiques :

Quels sont donc, parmi les docteurs de l'Église, les apologistes de l'enseignement païen ? Est-ce saint Clément, qui a écrit que la science profane est semblable aux fruits et aux confitures qu'on ne doit servir qu'à la fin du repas? Est-ce Origène, qui a écrit que, dans les coupes dorées de la poésie païenne, il y a des poisons mortels ? Est-ce Tertullien qui appelle les philosophes païens les patriarches des hérétiques : *Patriarchæ hæreticorum* ? Est-ce saint Irénée, qui déclare que Platon a été l'assaisonnement de toutes les hérésies? Est-ce Lactance, qui constatait que de son temps les hommes lettrés étaient ceux qui avaient le moins de foi? Est-ce saint Ambroise disant qu'il est très-dangereux pour les chrétiens de s'occuper de l'éloquence profane? Est-ce saint Jérôme enfin, qui, dans sa lettre à Eustochie, condamnant avec énergie l'étude des païens, disait : Qu'y a-t-il de commun entre la lumière et les ténèbres ? Quel accord peut-il exister entre le Christ et Bélial ? Qu'a affaire Horace avec le Psautier, Virgile avec l'Évangile ?… Saint Jérôme qui regrette si cruellement le temps qu'il a consacré dans sa jeunesse à l'étude des lettres païennes : « Malheureux que j'étais, je me privais de nourriture pour ne pas quitter Cicéron ; dès le grand matin, j'avais Plaute dans les mains. Si quelquefois, rentrant en moi-même, je commençais la lecture des prophètes, leur style me paraissait inculte, et, parce que j'étais aveugle, je niais la lumière. »

Mais écoutons parler saint Augustin :

« Les études par lesquelles je suis parvenu à lire les écrits des autres et à écrire ce que je pense étaient pourtant bien plus utiles et bien plus solides que celles auxquelles on me força depuis de m'adonner, qui concernaient les aventures de je ne sais quel Énée, et qui me faisaient pleurer sur le sort de Didon, mourant d'amour, tandis qu'oubliant mes propres fautes, je trouvais moi-même la mort dans ces lectures funestes… Ce sont pourtant ces folies qu'on appelle les *belles et honnêtes lettres : Tales dementiæ honestiores et uberiores litteræ putantur…* Qu'ils crient contre moi ces marchands de *belles-lettres,* je ne les crains pas, et je m'applique à sortir des mauvaises voies que j'ai suivies… Il est vrai que, de ces études, j'ai retenu beaucoup d'expressions qu'il est utile de savoir, mais *tout cela peut s'apprendre ailleurs que dans des lectures si frivoles,* et on devrait conduire les enfants dans une voie moins dangereuse. Mais qui ose te résister, ô maudit torrent de la coutume !… N'est-ce pas pour suivre ton cours qu'on m'a fait lire l'histoire de Jupiter qui, en même temps, tient la foudre et commet l'adultère ? On sait bien que c'est inconciliable ; mais, à l'aide de ce faux tonnerre, on diminue l'horreur qu'inspire l'adultère et on porte les jeunes gens à imiter les actions d'un dieu criminel.

Et néanmoins, ô torrent infernal, on précipite dans tes flots tous les enfants, on fait de cet usage coupable une grande affaire. Cela s'accomplit publiquement, sous les yeux des magistrats, pour un salaire convenu… C'est le vin de l'erreur que nous présentaient dans notre enfance des maîtres ivres ; ils nous châtiaient quand nous refusions de nous en abreuver, et nous ne pouvions en appeler de leur sentence à aucun juge qui ne fût ivre comme eux. Mon âme était ainsi la proie des esprits impurs, car ce n'est pas d'une seule manière qu'on offre des sacrifices aux démons. »

Ces plaintes si éloquentes, ajoute la feuille catholique, cette critique si amère, ces reproches si durs, ces regrets si touchants, ces conseils si judicieux, ne s'adressent-ils pas aussi bien à notre siècle qu'à celui pour lequel écrivait saint Augustin ? Ne conserve-t-on pas, sous le nom d'enseignement classique, le même système d'études contre lequel saint Augustin s'élève avec tant de force ? Ce torrent du paganisme n'a-t-il pas inondé le monde ? Ne précipite-t-on pas chaque année, dans ses flots, des milliers d'enfants qui y perdent la foi, les mœurs, le sentiment et la dignité humaine, l'amour de la liberté, la connaissance de leurs droits et de leurs devoirs, qui en sortent tout imprégnés des fausses idées du paganisme, de sa fausse morale, de ses fausses vertus, non moins que de ses vices et de son profond mépris pour l'humanité ?

Frédéric Bastiat

Et cet effroyable désordre moral ne naît pas d'une perversion de volontés individuelles abandonnées à leur libre arbitre. Non, il est législativement imposé par le mécanisme des grades universitaires. M. de Montalembert lui-même, tout en regrettant que l'étude des lettres antiques ne fût pas assez forte, a cité les rapports des inspecteurs et doyens des facultés. Ils sont unanimes pour constater la résistance, je dirai presque la révolte du sentiment public contre une tyrannie si absurde et si funeste. Tous constatent que la jeunesse française calcule avec une précision mathématique ce qu'on l'oblige d'apprendre et ce qu'on lui permet d'ignorer, en fait d'études classiques, et qu'elle s'arrête juste à la limite où les grades s'obtiennent. En est-il de même dans les autres branches des connaissances humaines, et n'est-il pas de notoriété publique que, pour dix admissions, il se présente cent candidats tous supérieurs à ce qu'exigent les programmes ? Que le législateur compte donc la raison publique et l'esprit des temps pour quelque chose.

Est-ce un barbare, un Welche, un Gépide qui ose ici prendre la parole ? Méconnaît-il la suprême beauté des monuments littéraires légués par l'antiquité, ou les services rendus à la cause de la civilisation par les démocraties grecques ?

Non certes, il ne saurait trop répéter qu'il ne demande pas à la loi de proscrire, mais de ne pas prescrire. Qu'elle laisse les citoyens libres. Ils sauront bien remettre l'histoire dans son véritable jour, admirer ce qui est digne d'admiration, flétrir ce qui mérite le mépris, et se délivrer de ce *conventionalisme* classique qui est la plaie funeste des sociétés modernes. Sous l'influence de la liberté, les sciences naturelles et les lettres profanes, le christianisme et le paganisme, sauront bien se faire, dans l'éducation, la juste part qui leur revient, et c'est ainsi que se rétablira entre les idées, les mœurs et les intérêts, l'Harmonie qui est, pour les consciences comme pour les sociétés, la condition de l'ordre.

LIBERTÉ, ÉGALITÉ[9]

Les mots ont leurs changeantes destinées comme les hommes. En voici deux que tour à tour l'humanité divinise ou maudit, — de telle sorte qu'il est bien difficile à la philosophie d'en parler de sang-froid. — Il fut un temps où celui-là eût risqué sa tête qui aurait osé examiner les syllabes sacrées, car l'examen suppose un doute ou la possibilité d'un doute. Aujourd'hui, au contraire, il n'est pas prudent de les prononcer en certain lieu, et ce lieu est celui d'où sortent les lois qui dirigent la France ! — Grâce au ciel, je n'ai à m'occuper ici de la Liberté et de l'Égalité qu'au point de vue économique. Par ce motif, j'espère que le titre de ce chapitre n'affectera pas d'une manière trop douloureuse les nerfs du lecteur.

Mais comment se fait-il que le mot *Liberté* fasse quelquefois palpiter tous les cœurs, enflamme l'enthousiasme des peuples et soit le signal des actions les plus héroïques, tandis que, dans d'autres circonstances, il semble ne s'échapper du rauque gosier populaire que pour répandre partout le découragement et l'effroi ? Sans doute il n'a pas toujours le même sens et ne réveille pas la même idée.

Je ne puis m'empêcher de croire que notre éducation toute romaine entre pour beaucoup dans cette anomalie...

Pendant de longues années le mot *Liberté* frappe nos jeunes organes, portant avec lui un sens qui ne peut s'ajuster aux mœurs modernes. Nous en faisons le synonyme de suprématie nationale au dehors, et d'une certaine équité, au dedans, pour le partage du butin conquis. Ce partage était en effet, entre le peuple romain et le sénat, le grand sujet des dissentions, au récit desquelles nos jeunes âmes prennent toujours parti pour le peuple. C'est ainsi que luttes du Forum et liberté finissent par former dans notre esprit une association d'idées indestructibles. Être libre, c'est lutter ; la région de la liberté, c'est la région des orages...

Ne nous tardait-il pas de quitter le collège pour aller tonner dans les places publiques contre le *barbare étranger* et l'*avide patricien* ?

Comment la liberté ainsi comprise peut-elle manquer d'être tour à tour un objet d'enthousiasme ou d'effroi pour une population laborieuse ?...

Les peuples ont été et sont encore tellement opprimés, qu'ils n'ont pu et ne peuvent conquérir la liberté que par la lutte. Ils s'y résignent quand ils sentent vivement l'oppression, et ils entourent les défenseurs de la liberté de leurs hommages et de leur reconnaissance. Mais la lutte est souvent longue, sanglante, mêlée de triomphes et de revers ; elle peut engendrer des fléaux pires que

Frédéric Bastiat

l'oppression… Alors le peuple, fatigué du combat, sent le besoin de reprendre haleine. Il se tourne contre les hommes qui exigent de lui des sacrifices au-dessus de ses forces, et se prend à redouter le mot magique au nom duquel on le prive de sécurité et même de liberté…

Quoique la lutte soit nécessaire pour conquérir la liberté, n'oublions pas que la liberté n'est pas la lutte, pas plus que le port n'est la manœuvre. Les écrivains, les politiques, les discoureurs imbus de l'idée romaine font cette confusion. Les masses ne la font pas. Lutter pour lutter leur répugne, et c'est en cela qu'elles justifient le mot profond : Il y a quelqu'un qui a plus d'esprit que les gens d'esprit, ce quelqu'un, c'est *tout le monde*…

Un fonds commun d'idées rattache les uns aux autres les mots *Liberté, égalité, propriété, sécurité*.

Liberté, qui a pour étymologie *poids, balance*, implique l'idée de justice, d'égalité, d'harmonie, d'équilibre — ce qui exclut la lutte, ce qui est justement l'inverse de l'interprétation romaine.

D'un autre côté, liberté c'est *propriété* généralisée. Mes facultés m'appartiennent-elles si je ne suis pas libre d'en faire usage, et l'esclavage n'est-il pas la négation la plus complète de la propriété comme de la liberté ?

Enfin, liberté c'est *sécurité*, car sécurité c'est encore propriété garantie non-seulement dans le présent mais dans l'avenir…

Puisque les Romains, j'insiste là-dessus, vivaient de butin et chérissaient la liberté ; — puisqu'ils avaient des esclaves et chérissaient la liberté, — il est bien évident que l'idée de liberté n'était pour eux nullement incompatible avec les idées de vol et d'esclavage. — Donc il doit en être de même de toutes nos générations collégiennes, et ce sont celles qui régentent le monde. Dans leur esprit la propriété du produit des facultés, ou la propriété des facultés elles-mêmes n'a rien de commun avec la liberté, est un bien infiniment moins précieux. Aussi les atteintes théoriques à la propriété ne les émeuvent guère. Loin de là, pour peu que les lois y procèdent avec une certaine symétrie et dans un but en apparence philanthropique, cette sorte de communisme les charme…

Il ne faut pas croire que ces idées disparaissent quand le premier feu de la jeunesse est éteint, quand on s'est passé la fantaisie de

Baccalauréat et socialisme

troubler, à la manière des tribuns romains, le repos de la cité ; quand on a eu le bonheur de prendre part à quatre ou cinq insurrections, et qu'on a fini par choisir un état, travailler et acquérir de la *propriété*. — Non, ces idées ne passent pas. Sans doute on tient à sa propriété, on la défend avec énergie ; mais on fait peu de cas de la propriété d'autrui... Qu'il s'agisse de la violer, pourvu que ce soit par l'intervention de la loi, on n'en a pas le moindre scrupule... — Notre préoccupation à tous est de courtiser la loi, de tâcher de nous mettre dans ses bonnes grâces ; et, si elle a pour nous un sourire, vite nous lui demandons de violer à notre profit la propriété ou la liberté d'autrui... Cela se fait avec une naïveté charmante non-seulement par ceux qui s'avouent communistes ou communautaires, mais encore par ceux qui se proclament fanatiques de la propriété, par ceux que le seul mot de communisme met en fureur, par des courtiers, des fabricants, des armateurs, et même par les propriétaires par excellence, les propriétaires fonciers...

Notes

1.   Vingt ans auparavant, l'auteur, dans son premier écrit, signalait déjà la liberté de l'enseignement comme l'une des réformes que la nation devait s'efforcer d'obtenir. Voy., au tome Ier, l'opuscule intitulé : Aux électeurs du département des Landes.(Note de l'éditeur.)

2.   « Celui qui ose entreprendre d'instituer un peuple doit se sentir en état de changer, pour ainsi dire, la nature humaine..., d'altérer la constitution physique et morale de l'homme, etc. » (Contrat social, chap. VII.)

3.   Voy. les pages 365 à 380 du présent volume.(Note de l'éditeur.)

4.   Rapport de M. Thiers sur la loi de l'instruction secondaire. 1844.

5.   L'éloignement ne contribue pas peu à donner à des figures antiques un caractère de grandeur. Si l'on nous parle du citoyen romain, nous ne nous représentons pas ordinairement un brigand occupé d'acquérir, aux dépens de peuples pacifiques, du butin et des esclaves ; nous ne le voyons pas circuler, à demi nu, hideux

de malpropreté, dans des rues bourbeuses ; nous ne le surprenons pas fouettant jusqu'au sang ou mettant à mort l'esclave qui montre un peu d'énergie et de fierté. — Nous préférons nous représenter une belle tête supportée par un buste plein de force et de majesté, et drapé comme une statue antique. Nous aimons à contempler ce personnage dans ses méditations sur les hautes destinées de sa patrie. Il nous semble voir sa famille entourant le foyer qu'honore la présence des dieux ; l'épouse préparant le simple repas du guerrier et jetant un regard de confiance et d'admiration sur le front de son époux ; les jeunes enfants attentifs aux discours d'un vieillard qui endort les heures par le récit des exploits et des vertus de leur père…

Oh ! que d'illusions seraient dissipées si nous pouvions évoquer le passé, nous promener dans les rues de Rome, et voir de près les hommes que, de loin, nous admirons de si bonne foi ! …(Ébauche inédite de l'auteur, un peu antérieure à 1830.)

6.　　Les pétrisseurs de sociétés ont quelquefois assez de pudeur pour ne pas dire : JE ferai, JE disposerai. Ils se servent volontiers de cette forme détournée, mais équivalente : ON fera, ON ne souffrira pas.

7.　　Dans l'ébauche à laquelle nous avons emprunté la note précédente (page 454), l'auteur examine ces deux questions :

1° Si le renoncement à soi-même est un ressort politique préférable à l'intérêt personnel ;

2° Si les peuples anciens, et notamment les Romains, ont mieux pratiqué ce renoncement que les modernes.

Il se prononce, on le pense bien, pour la négative sur la première comme sur la seconde. Voici l'un de ses motifs à l'égard de celle-ci :

« Lorsque je sacrifie une partie de ma fortune à faire construire des murs et un toit, qui me préservent des voleurs et de l'intempérie des saisons, on ne peut pas dire que je sois animé du renoncement à moi-même, mais qu'au contraire, j'aspire à ma conservation.

De même lorsque les Romains sacrifiaient leurs divisions intestines à leur salut, lorsqu'ils exposaient leur vie dans les combats, lorsqu'ils se soumettaient au joug d'une discipline presque insupportable, ils ne renonçaient pas à eux-mêmes ; bien au contraire, ils embrassaient le seul moyen qu'ils eussent de se conserver et d'échapper à l'extermination dont les menaçait sans cesse la réaction des peuples contre leurs violences.

Je sais que plusieurs Romains ont fait preuve d'une grande abnégation personnelle, et se sont dévoués pour le salut de Rome. Mais cela s'explique aisément. L'intérêt qui détermina leur organisation politique n'était pas leur seul mobile. Des hommes habitués à vaincre ensemble, à détester tout ce qui est étranger à leur association, doivent avoir un orgueil national, un patriotisme très-exalté. Toutes les nations guerrières, depuis les hordes sauvages jusqu'aux peuples civilisés, qui ne font la guerre qu'accidentellement, tombent dans l'exaltation patriotique. À plus forte raison les Romains dont l'existence même était une guerre permanente. Cet orgueil national si exalté, joint au courage que donnent les habitudes guerrière, au mépris de la mort qu'il inspire, à l'amour de la gloire, au désir de vivre dans la postérité, devait fréquemment produire des actions éclatantes.

Aussi, je ne dis pas qu'aucune vertu ne puisse surgir d'une société purement militaire. Je serais démenti par les faits, et les bandes de brigands elles-mêmes nous offrent des exemples de courage, d'énergie, de dévouement, de mépris de la mort, de libéralité, etc. — Mais je prétends que, comme les bandes de pillards, les peuples pillards, au point de vue du renoncement à soi-même, ne l'emportent pas sur les peuples industrieux, et j'ajoute que les vices énormes et permanents de ceux-là ne peuvent être effacés par quelques actions éclatantes, indignes peut-être du nom de vertu, puisqu'elles tournent au détriment de l'humanité. »(Ébauche inédite de l'auteur, un peu antérieure à 1830.)

8.   Voir, dans Justice et Fraternité, les pages 316 et 317.(Note de l'éditeur.)

9.   Dans les premiers mois de 1850, l'auteur, qui travaillait au second volume des Harmonies, commençait pour ce volume un chapitre intitulé : Liberté, Égalité. Il renonça bientôt à lui donner cette destination et ne l'acheva point. Nous reproduisons ici ce fragment qui rentre dans l'idée de l'opuscule qu'on vient de lire. (Note de l'éditeur.)

ISBN : 978-1544885032